RECTRONIC LEARNING

e-Learning入門

河村 一樹
著

大学教育出版

はじめに

"e-"と名のつく用語は，IT業界（たとえば，e-businessやe-Commerceなど）だけではなく，国の政策（たとえば，e-Japan戦略など）にも使われるようになった．それだけ，"e-何々"という言葉は定着してきたといってよい．

e-Learningは，「電子的な（electronic）学習（learning）」であり，電子技術を用いて行う学びのことである．e-Learningという言葉が生み出された背景には，教育の情報化，および，情報の教育が求められるようになってきたという経緯がある．前者ではコンピュータ支援による教育の実現や教育現場におけるICTの整備などが，後者では情報教育の体系化や教授法の開発などが進められてきたといってよい．そして，今日では，教育業界においてもe-Learningに関するさまざまな試み（調査・研究・開発・実験・事業・ビジネスなど）が展開されている．

このような状況にあって，e-Learningに関する入門書を執筆することを思い立った．もともと，筆者は，前任校であった県立宮城大学事業構想学部情報システム学科において「教育情報事例」という科目を担当していた．これは，各業界の情報事例をケーススタディとして扱うもので，教育業界以外では流通・宿泊・料飲・交通などをターゲットにしたものである．「教育情報事例」では，小中高等学校・大学・専門・各種学校・予備校・塾・カルチャーセンター・企業・公共団体などの教育現場における情報事例について，幅広く網羅して取り上げた．

その後，本務校である東京国際大学商学部情報システム学科（来年度から情報ビジネス学科に改称予定）において，「e-Learning事例（来年度からe-Learningビジネスに名称変更）」という科目を担当してきている．これは，教育情報全般というよりも，e-Learningにターゲットを絞り込み，そのケーススタディをおもに扱うことになっている．そのための講義ノートを，毎年書きためてきた．

また，科目を開講する際に，教科書をどうするかについていろいろと調査した．当時から出版されていたe-Learning分野に関する著書の1つに，「eラーニング白書」があった．これは，2001（平成13）年から毎年発刊されており，e-Learningに関する現状がよくわかる著書であるが，価格が高いため教科書として指定するには問題があった．
　そこで今回，「e-Learning入門」という書名で，自ら書き下ろすことにした．ただし，本書ではe-Learningの技術的な話題だけに絞り込むのではなく，e-Learningの利活用に取り組んでいる各教育業界の現状やその経緯についてもできるだけ取り上げるように試みている．具体的には，次のような構成になっている．
　第1章では，e-Learningに至るまでの教育情報システムとしての処理形態の変遷について取り上げる．次に，e-Learningを推進する上で必要となるインフラ整備を実現するための国の政策について取り上げる．これらは，e-Learningのいわば序論に相当する内容といえる．
　第2章では，本書で扱う"e-Learning"（eラーニングと日本語で表現するケースもある）という用語の定義を行う．その上で，e-Learningの構成要素に関する専門用語を示す．これらについては，次章以降で詳細に説明する．次に，e-Learningの利点と課題について取り上げる．課題が残ることによって，それを解決するための新しい技術革新が進められることを期待したい．また，これらを踏まえた上で，e-Learningによる学びはどのように変容するかについても取り上げる．
　第3章では，e-Learningを情報教育システムとして捉え，その基盤となるプラットホームについて取り上げる．これには，LCMS，LMS，LSSなどが含まれる．次に，技術的な話題として，e-Learningシステムの標準規格について取り上げる．技術の標準化が及ぼす効果や，いくつかの規格概要について取り上げる．
　また，e-Learningシステムにおいて，学習コースや教材コンテンツを開発する際の指針となるインストラクショナルデザイン（ID）について取り上げる．これは，もともと米国の軍隊における訓練コースを効率よくデザインするため

に考案された手法である．本書では，鈴木モデルをベースにする．

　以上をもとに，e-Learningシステムの製品事例として，日立電子サービス（株）のHIPLUSを取り上げ，教育現場での利用やシステムが提供する機能について説明する．なお，HIPLUSは本学で最初に導入したe-Learningシステムである．筆者の研究室所属のゼミ生数名が，HIPLUSで稼働する学習コンテンツを作成するとともに，その実証実験を行った．

　第4章では，各教育現場における情報の教育化，IT環境，e-Learningに対する取組みの実態や事例について取り上げる．

　具体的には，各教育現場（初等中等教育，高等教育，企業内教育，生涯教育）において，教育の実情と特性とe-Learningの活用といった視点から比較する．

　初等中等教育では，教育の情報化として審議会・協力者会議の活動と学習指導要領の変遷について取り上げる．IT環境については，文部科学省の「学校における教育の情報化の実態等に関する調査結果」をもとに説明する．e-Learningの事例については，不登校児童生徒に対する教育を取り上げる．

　高等教育では，大学の単位認定制度について取り上げる．IT環境については，文部科学省の「学術情報基盤実態調査」をもとに説明する．e-Learningの実態調査については，NIMEの「eラーニング等のICTを活用した教育に関する調査報告書」をもとに説明する．e-Learningの事例については，バーチャルユニバーシティ2大学を取り上げる．

　企業内教育では，企業内教育の実情，企業情報システムの変遷について取り上げる．IT環境については，企業が最も進展していることから取り上げていない．e-Learningの実態調査については，eラーニング白書の「eラーニングユーザ調査［企業］」をもとに説明する．e-Learningの事例については，その規模が大きい2社を取り上げる．

　生涯教育では，審議会の活動とその報告について取り上げる．IT環境については，総務省の社会教育調査のデータと情報通信白書のデータをもとに説明する．e-Learningの実態調査については，eラーニング白書の「eラーニングユーザ調査［個人］」をもとに説明する．e-Learningの事例については，自治体と語学教育を取り上げる．

第5章は，e-Learning業界として，ベンダと事業の内容について取り上げる．次に，それらに関連する専門家としての職種と資格について取り上げる．

以上のように，e-Learningに関する技術的な内容だけでなく，教育現場の動向なども含めて取り上げている．ただし，本書は，タイトル通り，e-Learningに関する入門として位置づけている．取り上げた事項については，それぞれ専門書も出版されているので，興味のある人はそれらを参考にして頂きたい．

e-Learningを含めて情報教育は，今後ますますその必要性が高まっていく領域の1つとなるであろう．本書を通して，情報教育の現在そして未来に向けて関心を持って頂ければ幸いである．

2009年2月

著　者

e-Learning 入門

目　次

はじめに ……………………………………………………………… 1

第1章　e-Learningに至るまで ……………………………………… 11
1. 処理形態の変遷 ……………………………………………… 11
   （1）ティーチングマシン　12
   （2）CAI / CMI　13
   （3）ITS　14
   （4）CBT　15
   （5）CSCL / CSCW　16
   （6）WBT　16
   （7）e-Learning　18
2. 政策の変遷 …………………………………………………… 19
   （1）e-Japan戦略　19
   （2）u-Japan推進計画　22
   章末問題 …………………………………………………………… 23

第2章　e-Learning概説 ……………………………………………… 24
1. e-Learningの定義 …………………………………………… 24
2. e-Learningの利点と課題 …………………………………… 26
   （1）e-Learningの利点　26
   （2）e-Learningの課題　28
3. e-Learningによる学びの変容 ……………………………… 29
   章末問題 …………………………………………………………… 31

第3章　e-Learningシステム ………………………………………… 32
1. プラットホーム ……………………………………………… 32
   （1）LCMS　33
   （2）LMS　35
   （3）LSS　37

2. 標準化動向 …………………………………………………… 42
　　（1） LOM 規格　43
　　（2） LIP 規格　43
　　（3） SCORM 規格　44
　　（4） QTI 規格　45
　3. インストラクショナルデザイン ……………………………… 45
　　（1） ソフトウェア開発プロセスと ID プロセス　46
　　（2） ID プロセスの概要　47
　4. 製品事例とその利用 …………………………………………… 54
　　（1） HIPLUS の教育場面における効果　54
　　（2） HIPLUS の機能　57
　章末問題 …………………………………………………………… 63

第4章　e-Learning の取り組み …………………………………… 65
　1. 各教育現場での比較 …………………………………………… 65
　　（1） 教育のあり方　65
　　（2） IT 環境と e-Learning の活用　67
　2. 初等中等教育での取り組み …………………………………… 69
　　（1） 教育の情報化　69
　　（2） IT 環境　75
　　（3） e-Learning の事例　78
　3. 高等教育での取り組み ………………………………………… 84
　　（1） 大学での単位認定　84
　　（2） IT 環境　86
　　（3） e-Learning の実態調査　89
　　（4） e-Learning の事例　93
　4. 企業内教育での取り組み ……………………………………… 97
　　（1） 企業内教育の実情　97
　　（2） 企業の情報化　99

（3）　e-Learning の実態調査　*102*
　　　（4）　e-Learning の事例　*106*
　5. 生涯教育での取り組み ……………………………………………… *110*
　　　（1）　審議会の活動　*111*
　　　（2）　生涯教育の情報化　*112*
　　　（3）　IT 環境　*114*
　　　（4）　e-Learning の実態調査　*116*
　　　（5）　e-Learning の事例　*118*
　章末問題 ………………………………………………………………… *122*

第 5 章　e-Learning 業界 ……………………………………………… *124*
　1. 業界の枠組み …………………………………………………………… *124*
　　　（1）　ベンダの分類　*125*
　　　（2）　事業の内容　*125*
　2. 職種の分類 ……………………………………………………………… *128*
　　　（1）　eLC による職種　*128*
　　　（2）　eLPCO による職種　*129*
　　　（3）　ID と職種の関連　*131*
　3. 関連資格制度 …………………………………………………………… *132*
　　　（1）　教育情報化コーディネータ　*133*
　　　（2）　e ラーニング・プロフェッショナル資格制度　*134*
　　　（3）　SCORM アセッサ資格制度　*135*
　章末問題 ………………………………………………………………… *138*

おわりに ……………………………………………………………………… *140*

参考文献 ……………………………………………………………………… *145*

e-Learning 入門

第1章

e-Learning に至るまで

・・・

　e-Learning の"e"は，electronic（電子的）の頭文字を意味している．この electronic は，情報技術（IT: Information Techniologye）によって実現されることから，e-Learning は「情報技術を用いた学び」ということになる．ここでは，上記の意味での e-Learning に至るまでの経緯を，情報技術を基盤とした処理形態の変遷の中で明らかにするとともに，e-Learning を推進する政策の変遷について取り上げる．

1. 処理形態の変遷

　e-Learning は，ある日突然生じたものではなく，過去からの教育情報システムの処理形態が変化してきた中で生み出されたものである．その変遷を概観すると，図 1-1 のようになる．この変化の原動力こそが，コンピュータを含めた情報技術の革新である．
　コンピュータは 1940 年代に電子式の自動計算機として誕生した．当初はメインフレームコンピュータが主流だったが，その後，ミニコンピュータやオフィスコンピュータやワークステーション，さらにはパーソナルコンピュータと，さまざまな匡体や性能を持った計算機が開発された．この中でも，比較的

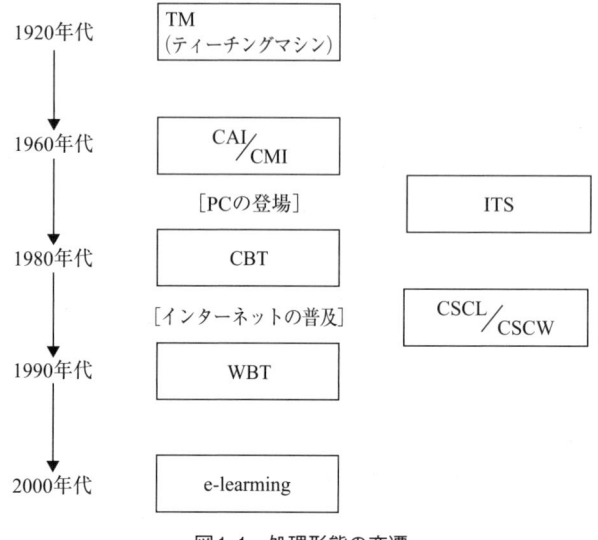

図1-1 処理形態の変遷

　安価で利便性の高いパーソナルコンピュータは，教育界においても新しい利用形態を生み出し，教育の情報化を推進するきっかけとなった．

　また，情報社会のインフラストラクチャとしてのネットワーク環境の整備が進むとともに，WWW（World Wide Web）を基盤とするインターネットが普及したことで，ネットワークを介したコンピュータ同士の相互接続が実現できるようになった．これによって，地域間に存在していた距離や時間の壁が取り除かれるとともに，コンピュータを介した自由なコミュニケーションが図られることになった．このことが，遠隔学習（distance learning）や協調学習（cooperative learning）を生み出した．

　以上の経緯を経て，今日のe-Learningが登場するに至った．次からは，教育情報システムとしてキーワードとなった用語をもとに説明する[1][2]．

（1）ティーチングマシン

　人間の知的活動である教育をシステム化しようとする試みは，1920年代に米国のプレッシー（S. L. Pressey）によって開発されたティーチングマシン

(teaching machine）から始まったといえる．ティーチングマシンは個別学習を可能にした「教える機械」であり，そのために，学習者への情報提供・学習者の反応・学習者へのフィードバック・学習者に合わせた進捗などを実現した機械といえる．

1950年代には，スキナー（B. F. Skinner）によるオペランド条件づけの理論に基づいたティーチングマシンが開発された．オペランド条件づけ理論は，動物の学習行動だけでなく，学校教育におけるプログラム学習にも適用できるものであった．これは，問題の定式化（問題—解答を刺激—反応という形態でモデリング），段階的かつ反復的な問題の提示（正答を導く順番で），学習者の積極的な解答，解答への即時フィードバック，学習者個人ベースの進捗，といった形で学習をプログラム化するというものであった．その際に，教材情報の提示系列であるプログラムは，直線型であった．これに対して，クラウダー（N. A. Crowder）は，分岐型プログラムを開発した．これは，学習者が解答した選択肢によって，次のステップが異なるというプログラムである．

わが国では，1964年通産省工業技術院電気試験所において，ティーチングマシンが開発された．これには，学習者との対話・TSS（Time Sharing System）による複数端末接続・マルチメディア対応のインタフェース・教育プログラム作成支援などの機能が実装されていた．これらは，いずれもCAIとしての基本的な属性を備えていたといえる．

（2）CAI/CMI

米国では，1950～1960年代にかけて，教育におけるインストラクション活動にコンピュータが利用されるようになり，それらをCAI（Computer Assisted/Aided Instruction）と呼ぶようになった．なお，この当時のコンピュータはメインフレームが中心であり，それをTSS端末と接続する形での利用環境が普及していた．

CAIは，教室での一斉授業の持つ課題（集団学習のため個人の能力差や進捗度合いおよび理解度の相違には対処できない）を解決するための方策として，個別学習を実現するための新しいパラダイムとして誕生したといえる．そのた

め，学習者個人の成績情報や学習履歴を蓄積し分析するといった仕組みを取り込んだ．その1つにフレーム型アーキテクチャがある．フレームとは，表示する教材の説明文や問題文を1画面にまとめた単位である．そのフレームをあらかじめ数多く登録しておき，学習者の進捗に応じて対象フレームに分岐するというプログラムを組み込んだ．これによって，個別学習に対応できる教育情報システムが実現されたわけである．

CAI の登場とともに，その機能の一環を担うものとして CMI（Computer Managed Instruction）が位置づけられるようになった．CAI が教授学習の領域を支援するのに対して，教育情報処理を全般に扱うシステムのことを CMI と呼ぶようになった．これには，教育管理運営（カリキュラム開発・時間割作成・進路指導・統計調査を含む）・授業計画・学習指導・学習評価などを支援する機能を装備した教育情報システムである．なお，これらさまざまな教育情報を管理するためには，何らかのデータベースシステムが必要になる．つまり，CMI の基盤には，データベースが位置づけられているといってよい．

こうして，学校における教育活動の中で CAI/CMI が利用されるようになったわけだが，CAI ではいくつかの課題が残った．具体的には，「コンピュータによる制御が主体であり学習者の意向が反映されないことから学習意欲が低下する」「学習者の質問に相応できないので学習者の理解度が足りなくなる」「定型化された問題と解答により学習がパターン化する」「繰り返し動作のため学習者が飽きる」といった問題である．これらの課題が解決されないことから，1970年代半ば以降，その開発が停滞することにもなった．

（3）ITS

CAI が内包していた課題を解決すべく登場したのが，ITS（Intelligent Tutoring System）である．Intelligent ということから，知的な教育情報システムということができる．

それまでの旧来の CAI はフレーム型アーキテクチャによるシステム主導型であったが，学習者主導型に転換すべく知識情報処理を組み込んだ新しいパラダイムによって実装された教育情報システムである．具体的には，学習者の問

題解決過程を推論することによって学習理解をモデル化し，そのモデルをもとにして学習活動を支援するというパラダイムである．

ITS によって，学習者の知識を同定でき，学習者に応じた教授方略が選択でき，学習者の間違えを是正し，学習者からの質問に応じ，学習者の知識定着と誤り原因および学習過程のパターンを参照することで，最適な学習シナリオを提供するなどといったことが実現できるようになった．そのために，ITS では教材知識・学習者モデル・指導方略といった構成要素を備えている．

(4) CBT

1974 年米国 MITS 社において，Altair8800 という世界初の個人向けコンピュータが発売された．その後，アップルコンピュータや IBM 社によって，より高性能なものが次々と開発され製品化されたことによって，パーソナルコンピュータ（以降，パソコンと略す）が普及するに至った．

そのパソコンを利用した教育情報システムとして，1980 年代以降に登場してきたものが CBT（Computer Based Training）である．当初のパソコンは，文字ベースのインタフェース（CUI：Character User Interface）しか提供されていなかったが，教材の扱いを含め，対話的に訓練や学習が行える点が評価された．その後，図画ベースのインタフェース（GUI：Graphical User Interface）が実装されるとともに，インタラクティブ性のあるマルチメディアコンテンツ（たとえば，語学教材や資格試験対策教材など）が利用できることで，高い学習効果が得られるようになった．

ただし，この頃のパソコンは，スタンドアロン（パソコン1台のみの動作環境）での利用が前提であった．このため，ネットワークへの接続作業や環境設定などが不要であり，やりたい時にいつでも学習できることになった．一方，教材コンテンツは光ディスク（たとえば，CD-ROM など）といった記憶媒体で提供されるため，一斉に教材を配布する際や教材の版改訂に手間がかかったり，コスト高となる問題が生じた．

その後，情報社会のインフラストラクチャとしてのネットワーク環境の整備が進むにしたがい，インターネット（internet）が普及することになった．イ

ンターネットでは，電子メール（E-mail）・ネットニュース，WWW（World Wide Web）―世界に広がったクモの巣という意味―といった新たな利用技術が生み出された．この中のWWWは，インターネット上で提供されるハイパーテキストシステムであり，さまざまなドキュメントをハイパーリンクによって相互に関連づけることができる機能を持っていた．

(5) CSCL/CSCW
　ネットワーク環境の拡充に伴い，分散環境のもとで複数の人間が協調して作業する仕組みが生み出された．その結果，CSCL（Computer Supported Collaborative Learning）やCSCW（Computer Supported Cooperative Work）が登場した．

　CSCLは，人間同士の協調的な学習（collaborative learning）をコンピュータによって支援する（computer supported）ことを目指した様式である．これによって，コンピュータネットワークを介した学習プロセスにおいて，学習者同士が相互に影響し合う相互作用過程（collaboration）を共有することができるようになった．

　CSCWは，コンピュータ支援（computer supported）による共同作業（cooperative work）を実現するための様式である．CSCWで用いられるコンピュータシステム（ハードウェア＋ソフトウェア）のことを，グループウェア（groupware）と呼ぶ．グループウェアのツールは，時間（同期 VS 非同期）かつ空間（対面：同一地点 VS 分散：遠隔地）という特性から分類することができる．具体的には，電子会議システム（同期＋対面）・遠隔地電子会議システム（同期＋分散）・電子メール（非同期＋遠隔）などがあげられる．

(6) WBT
　WBT（Web Based Training）は，Webを基盤にした訓練（学習）であり，イントラネット（同一組織内）やエクストラネット（異組織間），あるいは，インターネット（国際間）などのネットワーク上でWebブラウザを用いた教育情報システムといえる．オンライントレーニング（online training）やIBT

(Internet / Intranet Based Training) といった名称で呼ばれるトレーニングも含む．

WBT の具体的なシステム構成は，図 1-2 のようになる．

クライアント PC では，Web ブラウザを経由して，学習者の認証・学習活動・学習試験・学習評価などが行われる．Web サーバでは，学習者の登録が行われる．教材サーバでは，教材の提供（教材データベース利用）や教材の開発（オーサリングツール利用）が行われる．管理サーバでは，学習者の登録情報の管理，学習履歴の収集と管理，成績・評価情報の収集と管理，Q&A 情報の収集と管理がそれぞれ行われる．

WBT では，時間や場所に制約されずいつでも（Web ブラウザが動作すれば）どこでも学習ができること，自分のペースやレベルに合ったコースウェアで学習ができること，オープンプラットホームであり Web ブラウザを介して実行できること，マルチメディアコンテンツによる教材が提供されること，教材を始め，コンテンツや各種情報に関する標準規格が整備され WBT の互換性が実現されていること，インタラクティブな学習支援（FAQ，Q&A，インストラクタ・チュータ・メンタによる対応など）があること，教材の改訂や配信が即座にできること，などの特長がある．一方，サーバ環境の構築・管理・運用に

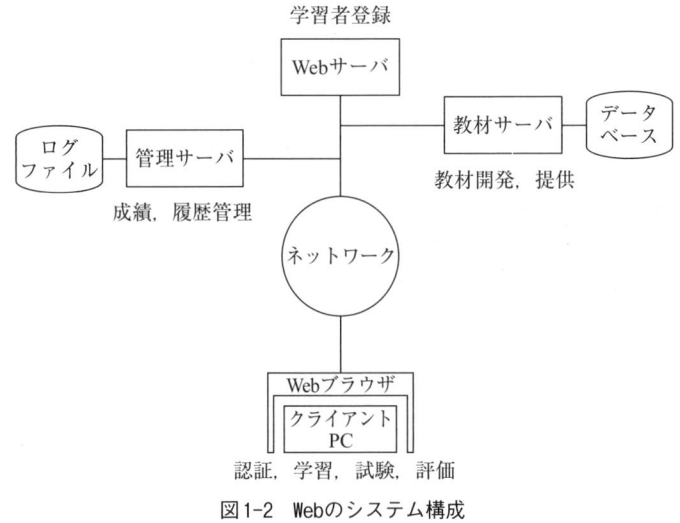

図 1-2　Web のシステム構成

は，経費と時間がかかるといった課題がある．

わが国のWBTの普及に関しては，1996年に設立された非営利団体TBT（Technology Based Training）コンソシアムの活動があげられる．具体的には，TBTシステムガイドラインの策定（1997年），米国AICC（Aviation Industry CBT Committee）規格との互換性に基づく利用ガイドラインの策定（1999年）などがあげられる．その後，2001年には，イーラーニングコンソシアム（eLC: e-Learning Consortium）に改名し，現在は特定非営利活動法人日本イーラーニングコンソシアムとなっている．

(7) e-Learning

e-と名のつく用語は，e-mail，e-business，e-commerce，e-marketplace，e-procurement，e-cash，e-tax，e-government，e-Japanなど多数あげられるが，いずれも電子的な（electronic）という意味を強調するために付加されている．これを学習に適用したものが，e-Learningである．

e-Learningという言葉は，米国フロリダ州で開催されたTechLearn1999で最初に使われたとされている[3]．わが国では，2000年を「e-Learning元年」としている．また，書籍「eラーニング白書」は，2001年5月から出版が始まり，年度毎に発刊が続き現在に至っている．発刊当初の数年間は先進学習基盤協議会（ALIC: Advanced Learning Infrastructure Consortium）が，その後は経済産業省商務情報政策局情報処理振興課が編纂している．

こうして，CAI/CMI→（ITS）→CBT→（CSCL/CSCW）→WBTと処理形態が変化し続けてきた教育情報システムは，現在e-Learningと呼ばれるようになった．それまでの名称にはInstruction（指示）あるいはTraining（訓練）という言葉が使われており，繰り返し練習する学びといった意味が強かったが，初めてLearning（学習）という言葉がフルスペルで使われることになった．これによって，「教え育む」という姿勢に重点を置いた学習環境を実現するという意気込みが感じられる言葉になった．

なお，最近では，PDA（Personal Digital Assistant）や携帯電話の利用が定着することにより，これらのモバイルツール（mobile tool）を用いたe-Learning

として，m-Learning という言葉も使われている．

2. 政策の変遷

e-Learning の普及には，コンピュータおよびネットワークの整備と拡充が必須となる．この中で，情報社会のインフラストラクチャとしてのネットワーク環境のあり方については，国の諸施策の推進が重要な鍵となる．ここでは，わが国の情報戦略である e-Japan と u-Japan について取り上げる．

（1） e-Japan 戦略
e-Japan 構想は，2000 年の衆参両院本会議において，森喜朗内閣総理大臣が提唱したわが国における IT 戦略のための政策である．その経緯を概観すると，図1-3 のようになる．それぞれの中でネットワークインフラと人材育成（教育）に関する事項について概説する．

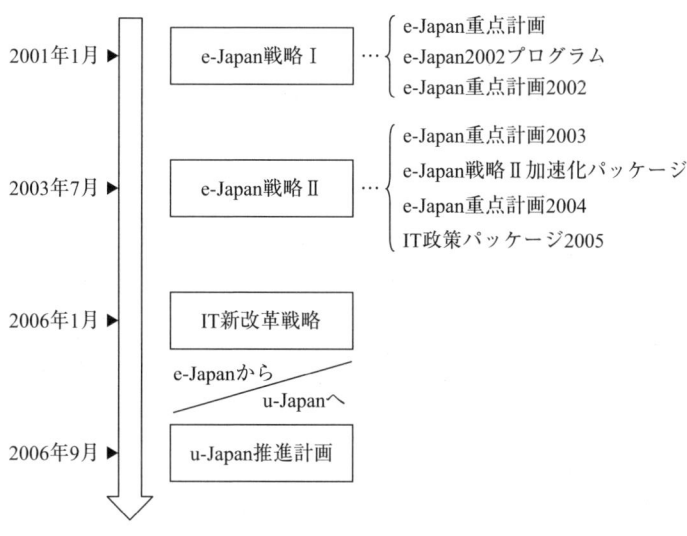

図1-3　わが国の情報戦略

1) e-Japan戦略

2001年1月22日に，IT戦略本部から，e-Japan戦略が発表された[4]．その中の重点政策分野の1つとして，「超高速ネットワークインフラ整備及び競争政策」が取り上げられた．これによると，

- 5年以内に超高速アクセス（目安として30～100Mbps）が可能な世界最高水準のインターネット網の整備を促進し，必要とするすべての国民が低廉な料金で利用できるようにする．
- 1年以内に有線・無線の多様なアクセス網により，すべての国民が極めて安価にインターネットに常時接続することを可能とする．
- IPv6（Internet Protocol Version 6）を備えたインターネット網への移行を推進する．

などを目標とした．この政策の施行によって，わが国のネットワークインフラの整備は急ピッチで進んだといえる．

2) e-Japan戦略Ⅱ

2003年7月2日に，IT戦略本部からe-Japan戦略Ⅱが発表された[5]．その中の「新しいIT社会基盤の整備」において，「次世代情報通信基盤の整備」が取り上げられた（一部抜粋）．

- 2005年までに，高速インターネットアクセスを3,000万世帯，光ファイバによる超高速インターネットアクセスを1,000万世帯が利用する．
- 2005年までに，原則として全ての行政機関・地方公共団体・医療機関・学校・図書館・公民館等公共施設が，双方向高速ネットワーク（原則的に光ファイバ）でインターネット接続し，これらの業務・活動において高度にITを利活用する．
- 2008年までに，高速の無線LANシステム等が全国的に利用できるような環境を整備する．

これによって，学校においてもネットワークインフラとしての環境整備が実施されることになった．また，情報教育に関しては「利活用時代のIT人材の育成と学習の振興」（一部抜粋）において，次のようにした．

- 我が国のIT分野における国際競争力向上のため，ITによる遠隔教育も含めたような学習手段の活用など柔軟性を確保する．

・アジア各国におけるeラーニングシステムの導入を推進する．
・子どもたちの創造性を育み，かつ，分かりやすい授業等を実現するため，学校のIT環境の充実の他，良質なネットワーク型の学習コンテンツを初等中等教育機関等へ流通させる環境の整備や国の学習情報ポータルサイト機能の確立を行う．

前述にもあるように，この頃から e-Learning という言葉が使われるようになった．

3) IT新改革戦略

2006年1月19日に，IT戦略本部からIT新改革戦略が発表された[6]．その中の「IT基盤の整備」において，「いつでも，どこでも，何でも，誰でも使えるデジタル・デバイドのないインフラの整備―ユビキタス化の推進」が取り上げられた．そこでは（一部抜粋），

> 2011年7月を目標としていつでも，どこでも，何でも，誰でも使えるデジタル・デバイドのないインフラを実現することで，ユビキタス化を推進する．
> ・2010年度までに光ファイバ等の整備を推進し，ブロードバンド・ゼロ地域を解消する．
> ・2010年度までに現在の100倍のデータ伝送速度を持つ移動通信システムを実現する．
> ・2010年度までに，ユビキタス端末等における瞬時に安全かつ確実に認証を行う技術や相手に応じて適切な情報のみを提供可能とするプライバシ保護技術を実現する．
> ・2010年度までに，電子タグ等を100億個クラスまで同時利用が可能なネットワークを構築し，業界や国をまたがった多様な分野における利用・活用を実現する．

とした．これによって，ユビキタス（ubiquitous）という言葉（ユビキタス社会，ユビキタスコンピューティング，ユビキタスネットワークなど）が使われるようになった．また，学校現場のIT化の遅れに対応するために，

> 2010年度までに全ての公立小中高等学校等の教員に一人一台のコンピュータを配備し，学校と家庭や教育委員会との情報交換の手段としてのITの効果的な活用その他様々な校務のIT化を積極的に推進する．また，校内LANや普通教室のコンピュータ等のIT環境整備について早急に計画を作成し，実施するとともに，学校における光ファイバによる超高速インターネット接続等を実現する．

としている．

(2) u-Japan 推進計画

2006年9月に，総務省から「u-Japan 推進計画 2006」が発表された[7]．この中で，u-Japan 政策は次の3つの基本軸において進化を図るとしている（一部抜粋）．

- ・ブロードバンドからユビキタスネットへ
  e-Japan 戦略の目標は大きくクリアし，ブロードバンド環境は充実してきている．u-Japan では，これまでの有線中心のインフラ整備から，有線・無線の区別のないシームレスなユビキタスネットワーク環境への移行を目指す．
- ・情報化促進から課題解決へ
  これまでの利活用は，情報化の遅れた分野を後押しするための取組が中心だった．今後は21世紀の社会課題を解決するために ICT を積極的に利活用する段階に移行する．
- ・利用環境整備の抜本強化
  ICT のいわゆる「影」と呼ばれる問題を未然に解消し，ユビキタスネット社会を支障なく迎えるためには，利用環境整備を抜本的に強化し，具体的かつ包括的な対策を講じる必要がある．

この中で，IT ではなく，あえて ICT という言葉を使うことで，ネットワークを介した"通信"の重要性を強調しているといえる．u-Japan はユビキタスネットジャパンという意味であることからも，ユビキタスネットワークによる通信基盤の実現が標榜されていることがわかる．

以上のような諸政策の後押しを受けながら，社会基盤としてのインフラストラクチャの変貌が，e-Learning の普及にも大きな影響を与えてきたといえる．モバイル学習（m-Learning）は，まさしく u-Japan における学習形態の1つとなり得るであろうし，ユビキタス学習（u-Learning）そのものということができる．

章末問題

(1) コンピュータの技術革新が，教育および学習形態にどのような影響を与えてきたのかについて論じよ．

(2) 訓練（training）と学習（learning）は，どのような点が異なるといえるか．

(3) CAI，CBT，WBT の利点と問題点を洗い出し，それぞれについて説明せよ．

(4) m-Learning の事例を1つ選び，そのシステム構成や学習形態についてまとめよ．

(5) ユビキタス学習はどのような形態であるのかについて，具体的な例を示しながら説明せよ．

第 2 章

e-Learning 概説

2000年の"e-Learning 元年"以来, e-Learning は, 教育界を始め実業界などさまざまな業界において普及し定着しつつある. そこで, ここでは e-Learning がどういうものなのかについて解説する. 具体的には, e-Learning という言葉の定義, e-Learning の利点と課題, e-Learning による学びの変容について取り上げる.

1. e-Learning の定義

e-Learning を直訳すると, "電子的な学び" ということができる. 電子的ということは, 情報通信技術 (ICT: Informatian and Commanication Technology) を使うことを意味しており, コンピュータとネットワークを用いた新しい学びの形態となる.

コンピュータ (基本的にはパソコン) を使うということで, ディジタル化された学習情報 (学習環境・学習者情報・学習コンテンツ・学習履歴・学習評価・学習支援など) の取扱いが前提となる. それとともに, ネットワーク (イントラネット, インターネット, エクストラネット) を用いることで, インタラクティブ性のある双方向コミュニケーションが実現されることになる. これ

によって，時間や空間の制約から解放され，「いつでも」「どこでも」学習できる環境が提供されることになる．

また，インタラクティブ性が確保されていることで，学習者は自分自身の意思（学びたいと思ったとき）で学習に参加し，学習過程において適切なインストラクションやアドバイスが与えられることによって学習の動機づけを高めることができる．

以上より，本書では，e-Learning を次のように定義する．

> e-Learning とは，ICT を使ったインタラクティブ性のある環境のもとでの学びであり，「学びたいときに」「いつでも」「どこでも」かつ双方向的なサポートのもとに学習することができる教育情報システムのことである．

e-Learning の構成要素には，次のようなものがあげられる．
［学習環境］
・Web プラットホーム
・ポータルサイト

［学習教材］
・LCMS
・学習コンテンツ（テキスト・ドリル・チュートリアル・前提テスト・事前テスト・事後テスト・リファレンス）
・LO と LOM
・SCORM 規格
・オーサリングツール

［学習管理］
・LMS
・学習者プロフィール
・オンラインテスティング

［学習支援］
・FAQ

・ヘルプディスク
［学習コミュニティ］
　　・メーリングリスト
　　・BBS
　　・チャット
　　・テレビ会議システム
［学習行動］
　　・個別学習・協調学習↔学習者
　　・ID↔インストラクショナルデザイナ
　　・インストラクション↔インストラクタ
　　・トレーニング↔トレーナ
　　・チュータリング↔チュータ
　　・メンタリング↔メンタ

2. e-Learning の利点と課題

　e-Learning の特徴として，新しい学びの形態に応じて明らかになってきたさまざまな利点といくつかの課題について取り上げる[8]．

（1） e-Learning の利点
　e-Learning は，それまでの教育情報システムが抱えていた課題を解決するために，前節で述べたような変遷を経て現在に至ったといえる．このため，多くの利点を持っているといえる．具体的には，次のような項目があげられる．
1） 個別学習に適していること
　学習形態には，学習の進め方による個別学習・グループ学習（協調学習）・一斉学習が，学習の活動としての体験学習が，学習の時間配分による集中学習と分散学習が，それぞれ存在する．
　この中の個別学習（individual learning）は，学習者個人のニーズに合った教

材を選択でき，個人の時間配分のもとで学習でき，個人の理解度に合わせたコース展開が可能である．個別学習向けの e-Learning は，学習者の主体的な学習参加を促すとともに，学習に対する意欲の維持さらには向上も期待できるといえる．

2） 場所と時間に制約を受けない学習ができること

e-Learning では，ネットワークと情報機器（クライアントパソコン・PDA・携帯電話など）があるところならば「どこでも」自由に学習ができる．しかも，最近では，有線だけでなく無線によるネットワーク環境も整備されてきたことにより，ますます場所の制約が少なくなりつつある．それとともに，学習者が学びたいときに「いつでも」学習できる．まさしく e-Learning ならではの特長といえる．

以上のことは，結果として学習コストの削減にも結びつくことになる．場所と時間が決まっている一斉学習では，移動に伴うコスト（交通費・宿泊代・出張手当など）が生じるが，e-Learning による個別学習ではこれらのコストは不要となる．また，学習者が分散している場合でも，学習機会が均等に提供できることになる．

3） 豊富な教材を選べること

e-Learning の領域では，汎用コンテンツを始め，カスタマイズコンテンツも多数用意されている．汎用コンテンツとは，誰もが共通的に学べる教材内容のことであり，語学教材から IT 関連教材・財務教材・経理教材・各種資格取得教材などがある．カスタマイズコンテンツは，各組織が有する独自のルールやモデル，知識やスキルといったものを習得するための教材内容のことであり，ナレッジマネジメント型教材あるいはコンサルティング型教材などがある．これらのコンテンツをネットワークから探し出して取り入れることも可能である．

4） 双方向性があること

教室での一斉学習では，教師と学習者の間に双方向な関係があり，発問や質疑応答といったコミュニケーションが存在する．ただし，基本的には，教師主体の授業展開が前提であり，個々人への対応は消極的にならざるを得ないといえる．

これに対して，e-Learning による個別学習では，ICT を利用することによって，学習者とインストラクタ・トレーナ・チュータ・メンタ，さらには，他の学習者との双方向なコミュニケーションをとることができる．これらは，いずれも個人指導が前提であり，学習者個人の勉学に対する意欲やモチベーションの維持，場合によると向上といった効果を生み出すことになる．

5) 学習者に合わせたサポートがあること

学習者は，前提テストおよび事前テストなどによって，自分のレベルにあったコースを選択することができる．また，学習の進捗状況や理解度などが学習履歴として Web サーバに蓄積されており，それらをチェックすることで的確な指導や助言，チュータリングやメンタリングなどを実現でき，その結果，学習効果の向上が期待できる．

6) 教材管理がしやすいこと

多くの e-Learning では，SCORM 規格に準拠した教材データベースを用意しており，学習者は Web クライアントから希望する教材を即座にダウンロードして利用することができる．これより，教材配信に関する手間がかからなくなる．

また，教材はディジタル化されており，常時最新のコンテンツとして提供することができる．ここでの最新という言葉には，即時性だけでなく，内容の間違いを訂正した信頼性をも保証しているという意味を含んでいる．

(2) e-Learning の課題

前項で述べた利点は，その裏返しとして課題も残る．具体的には，次のような項目があげられる．

1) 情報機器が必要となること

e-Learning は，ICT の利用を前提とすることから，情報機器としてのコンピュータとネットワークがないと利用できない．学びたいときに「どこでも」といっても，これらの利用環境があるところでないと e-Learning はできない．ただし，すでに組織体（公官庁・企業・学校など）や街中（インターネットカフェ・図書館・宿泊施設など）においても，有線・無線の LAN が整備され

ネットワークインフラが整いつつある．国の政策である u-Japan 推進計画も後押しとなり，「どこでも」学べる環境がすぐそこまでできているので，いずれは解決するだろう．

2) 対面式学習ではない限界があること

教育の基本は，教師と学習者がお互いを認識し合いながら学習を進めることにある．人間と人間の関わりの中で，時にはしかったりあるいは励ましたりしながら，人間同士の直接的なコミュニケーションが生じる．この関係をうまく利用すると，学習者の動機づけに結びつく．

一方，e-Learning は，直接的な人間関係ではなく，ICT を介した非人間的なコミュニケーションが中心であるとともに，場合によると学習者個人を特定させないための方策として，ネット上での匿名性によるコミュニケーション（チャットや BBS の利用が中心）が前提となる．このことが，学習者の緊張感を薄れさせたり，学習意欲の低下に結びつく可能性がある．

以上，2) については，もともと e-Learning の特性上，解決できない課題といえる．そこで，このことを前提にした上で，e-Learning として最も効果的な学習（基本的には個別学習）だけに適用することが考えられる．すべての学習に e-Learning を用いようとするのではなく，場合によっては教室での一斉学習やグループ学習などを交えるというブレンディング学習（blending learning）を取り入れることによって対処することが考えられる．

3. e-Learning による学びの変容

e-Learning の普及と定着により，学びのあり方にも変化が見られるようになった[8]．その変化を概観すると，図 2-1 のようになる．

1) 学びの形態

学びの形態については，受動的な学びから能動的な学びへと変化した．e-Learning 以前では，学習者はあらかじめ与えられたカリキュラムやコース，さらには，教材のもとに学習を行っていた．教材に関しては，ある程度限ら

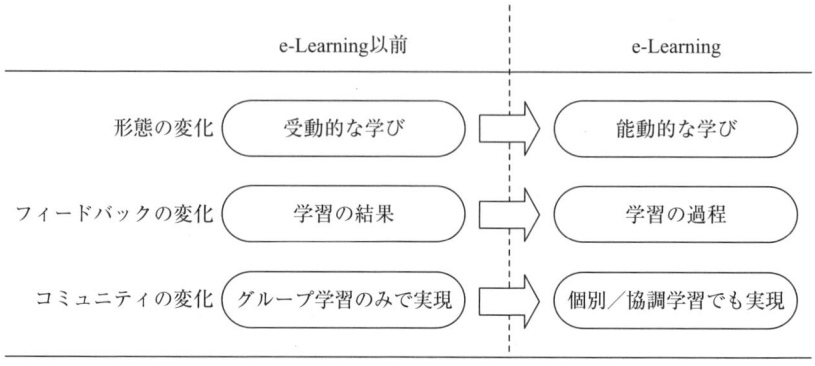

図2-1 学びの変容

た汎用コンテンツから選択しなければならず，前もって作成された内容のもの（改版の入手は困難）しか提供されなかった．学習内容は一方向的に提供されることが多く，学習意欲を低下させる要因ともなっていた．

これに対して，e-Learning においては，学習者が主体的に学習を行うための環境が提供された．教材も豊富に用意され，学習者の目的や意欲に応じた選択が可能になり，しかも手間なく簡単に取得できるようになった．学習内容に関しては，学習者の意向に合わせて変更することができるようなアナライザ機能も開発された．

 2) 学びの評価

学びの評価については，学習結果のフィードバックから学習過程のフィードバックへと変化した．e-Learning 以前では，学習を終えてからテストを実施し，それによって学習の効果をフィードバックするしかなかった．

これに対して，e-Learning においては，学習履歴をディジタル情報として常時収集し分析することで，学習の過程でさまざまなフィードバックが可能になった．これによって，学習者がどの程度理解できたかを判別し，そのレベルに合ったコースメニューを選択させることもできるようになった．

 3) 学びのコミュニティ

学びのコミュニティについては，グループ学習のみでの実現から個別／協調学習でも実現へと変化した．e-Learning 以前では，グループ学習でしか，情報

の共有化や相互コミュニケーションができなかった．つまり，人間同士の会話に基づくコミュニティである．

これに対して，e-Learning においては，個別学習や協調学習においても他の人とのコミュニケーションがはかれるようになった．具体的には，おもに1対1コミュニケーションを支援する電子メールを始め，1対nのコミュニケーションを支援するメーリングリスト，n対nのコミュニケーションを支援するチャットやBBSやテレビ会議システムなど，さまざまな電子ツールが提供されている．

章末問題

(1) 2000年が"e-Learning 元年"と呼ばれるようになった経緯や背景について，その頃の業界動向を調べた上でまとめよ．
(2) e-Learningという言葉を，自分なりに定義するとともに，その論拠について述べよ．
(3) e-Learningの構成要素群を関連づけて，e-Learningの全体構成をイメージ図として表せ．
(4) e-Learningの利点を踏まえた上で，教室での一斉授業よりどういう点がe-Learningでは優れているのかについて論じよ．
(5) e-Learningの課題を踏まえた上で，今後のe-Learningのあり方について，教育的な側面から論じよ．

第3章

e-Learning システム

　ここでは，e-Learningを情報教育システムとして捉え，まずその基盤となるプラットホームの構成要素（LCMS・LMS・LSS）について取り上げる[9)-11)]．次に，e-Learningシステムの標準規格について説明する[12)13)]．これによって，多くの業界でe-Learningの普及と定着が実現されたといえる．その上で，e-Learningでも使われているインストラクショナルデザイン（Instructional Design：ID）について取り上げる[11)14)]．最後に，e-Learningシステムの製品事例としてHIPLUS（日立電子サービス㈱の登録商標）を取り上げ，実際の利用について報告する．

1. プラットホーム

　プラットホーム（platform）とは，本来「水平で平らな台地」という意味である．コンピュータの分野では，ハードウェアや基本ソフトウェア（オペレーティングシステム）といった基盤となる環境を指している．
　e-Learningシステムにおけるプラットホームは，図3-1のようにLCMSとLMSとLSSから構成される．

(1) LCMS

LCMS（Learning Content Management System）は，おもに「教材を管理するシステム」である．教材データベースには，学習コンテンツが格納されている．LCMSでは，これらの学習コンテンツをどのように構成するか，および，それらの構成要素をどのように組み立てて教材を作成するかといったことについて，それぞれ対応している．

1) 学習コンテンツ

教材としての学習コンテンツには，その様式によって，テキスト・ドリル・チュートリアルなどがある．テキスト式コンテンツは，教科書のように内容の説明（文章，あるいは箇条書き）から構成される．ドリル式コンテンツは，問題（とその解説）と解答から構成される．チュートリアル式コンテンツは，個別対応を前提とした上で，操作手順や基本練習の繰返しから構成される．

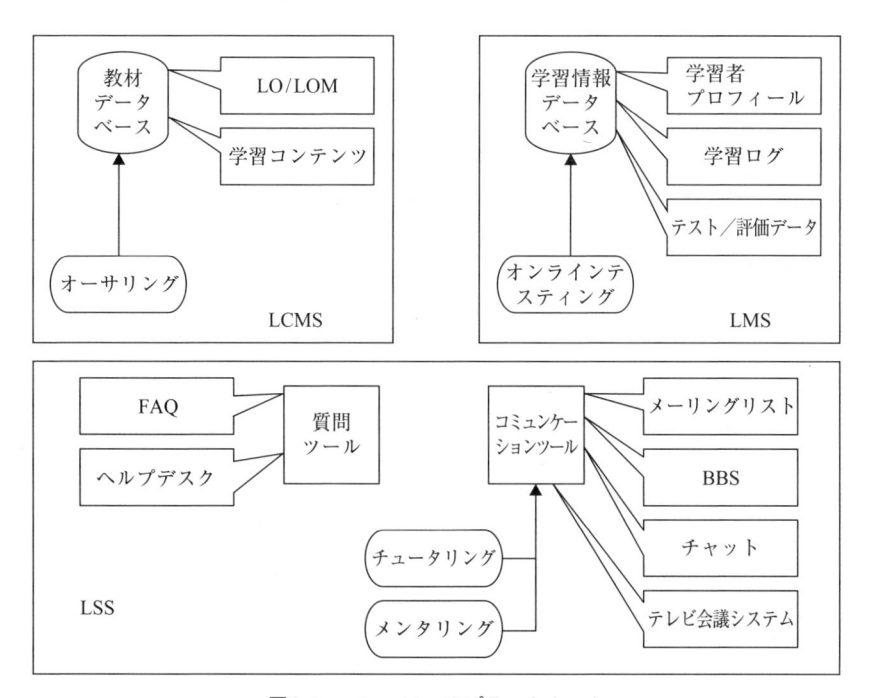

図3-1 e-Learningのプラットホーム

また，テストのためのコンテンツとして，前提テスト・事前テスト・事後テストなどがある．前提テストは，その教材を学習するための前提条件があるかどうかを問うテストである．事前／事後テストは，学習の開始前と修了後に行うテストである．事前テストでは，学習者がその教材を学習するにあたっての必要な知識を持っているかどうかの確認，およびその知識レベルを判定する．事後テストでは，学習者が学習を終えた結果，学習内容がどの程度定着したかどうかを判定する．

　2) 学習コンテンツの構成

　教材が製本あるいは CD-ROM や DVD としてパッケージ化されていた頃は，学習内容はすべて一連の教授コースとしてまとめて提供されていた．このため，学習者はあらかじめ決められた教材で一括した内容による学習しかできなかったが，教材を提供する側にとっては配布コスト面でメリットがあった．しかし，学習者のニーズやレベルが多様化してきた中で，できるだけ個別的な学習に対応できる教材が求められるようになってきた．そこで，LO や LOM といった枠組みが提供されるようになった．

　① LO

　LCMS では，学習コンテンツの基本単位を LO（Learning Object）として識別する．つまり，学習する内容を独立した構成要素に分割し，その最小単位を LO とする．LO は，テキストだけでなく，画像や動画や音声などのマルチメディアデータも含むことができる．

　② LOM

　個々の LO にはその属性が付加されており，それを LOM（Learning Object Metadata）と呼ぶ．メタデータのメタはメタファ（比喩）のことであり，「データに関するデータ」という意味である．具体的には，次の属性項目を含む．

　　・タイトル：LO の名称
　　・ライフサイクル：LO のバージョンに関する情報
　　・メタメタデータ：LOM の作成者，更新履歴に関する情報
　　・技術内容：LO のデータ形式や実行環境に関する情報

- 教育内容：LO の難易度，学習者要件，形式（テキスト・ドリル・チュートリアル）に関する情報
- 権利：LO の知的所有権に関する情報
- リンク：他の LO との関連に関する情報
- コメント：LO の注釈に関する情報
- 構成：LO が属している元の学習コンテンツに関する情報

　以上の枠組みによって，LCMS では，学習者個々人のニーズやレベルを把握し，それに合った LO を組み合わせることで最適な学習コンテンツを個別に学習者に提供するといったコースカスタマイズのサービスが提供できるようになった．このことが，e-Learning の特長である学習者主体の学びを生み出すことになったといえる．

3）教材の作成

　ディジタル情報を編集し何らかのコンテンツを作成することを，オーサリング（authoring）と呼ぶ．その際に，プログラミングを行うことなく，パラメータやスクリプトなどで対処できることを前提としている．

　LCMS では，オーサリングによって SCORM 規格（以降で解説）に対応した学習コンテンツを作成することになる．その際に，専用のプログラム言語によるプログラミングは不要であり，オーサリングツール（authoring tool）を用いることによって簡便に教材を作成することが可能になっている．

　なお，オーサリングツールの元祖は，アップル社が開発した HyperCard といわれている．現在では，グラフィック向け・音楽向け（DTM：Desk Top Music）・出版向け（DTP：Desk Top Publishing）・Web 向け（サイト制作・運用）など数多くのものが市販されており，それらの機能が LCMS にも組み込まれて利用できるようになっている．

(2) LMS

　LMS（Learning Management System）は，おもに「学習を管理するシステム」である．学習情報データベースには，学習者のプロフィールを始め，学習

履歴や，テスト結果や評価データなどが逐次蓄積され格納されている．

1）学習者プロフィール

プロフィール（profile）は，本来個人の経歴や自己紹介という意味である．LMSでは，学習者の個人情報が記録される．記録情報には，

- ID（登録番号など）
- 氏名（場合によれば，ハンドルネームも含む）
- 所属（個人の立場を識別できるもの）
- 学習目的
- 学習要件（希望コース・希望内容など）
- 学習履歴（修了コース・成績など）
- コンピテンシ情報（知識・スキルなど）

などが含まれる．

また，これらの情報の中から，学習者にとって最適なコース（場合によれば，コースに対応した学習コンテンツのカスタマイズも実施）をガイドする機能を持つLMSもある．

2）学習履歴

学習者個々人の学習状況の進捗および学習効果の測定を，ログ情報として蓄積し管理する機能を持つ．学習状況については，選択した学習コース，教材のLO構成，LO毎の学習時間（開始時刻と終了時刻，繰返し回数），学習支援（問合せ回数，FAQのアクセス回数）などの情報が対象になる．学習効果については，テストデータやコース評価データといった情報が対象になる．

3）オンラインテスティング

オンラインテスティング（online testing）―eテスティング（e-testing）とも呼ぶこともある―は，CBT（Computer Based Testing）から発展した新しいテスト方式といえる．それまでのペーパーテストに比べ，CBTでは，

- 電子化されたことで，大量のテスト数を一括して管理できる．
- テストの配布と回収が自動化できる．
- アイテムバンクの利用により，ランダムの項目抽出による出題ができる．
- テストの採点が（半）自動化できることから，結果のフィードバックが即

座にできるとともに，テスト出題方略により学習者毎にテスト内容をカスタマイズすることもできる．
・テストの実施に伴う詳細データ（たとえば，解答時間，解答履歴，見直し回数など）も収集できることから，よりきめ細かい学習効果を測定できる．
などの特徴があげられる．

これらの中のアイテムバンク（item bank）とは，テスト項目のデータベースのことであり，あらかじめテスト領域を万遍なく網羅したテスト項目群を用意し，統計処理に基づいて出題の品質を保証するというものである．テスト項目はコンピュータで管理されることから，必要となるテスト項目を即座に探索できるとともに，複数のテスト作成者によってテスト項目を共有できる．必要であれば，テスト項目を再利用することも簡単にできる．

アイテムバンクの構築では，テスト項目の対象となる教科を選択し，その領域目標を設定することから始まる．その上で，（複数の）テスト作成者が，テスト項目に関する情報を入力する．入力する情報としては，項目を識別できるID・教科名・領域目標（名称，タイプ）・項目の出題形式・項目の出題媒体・項目の内容・項目の正答などがあげられる．また，テスト実施後に，項目毎の正答率や平均所要時間などの情報を入力する．

オンラインテスティングでは，単にコンピュータだけでなく，ICTを用いたテストということからさらなる利点を生み出すに至った．それは，時間も場所も問わずに，いつでもどこでもテストができるということである．これによって，遠隔地にいる学習者のテストが行えるとともに，遠隔地に分散しているテスト作成者同士で協調しながらアイテムバンクを構築し共有利用ができるようになった．

（3）LSS

LSS（Learning Support System）は，おもに「学習を支援するシステム」である．これには，わからないことを明らかにするための支援（質問ツール）と，学習者や管理者間のコミュニティの支援（コミュニケーションツール）がある．前者については，FAQとヘルプデスクがある．後者については，メーリ

ングリスト・BBS・チャット・テレビ会議システムといったコミュニケーションツールと，チュータリング・メンタリングといった行為がある．

1）質問ツール

学習者が学習している最中に，内容的にわからないという場面が生じることがある．対面式の授業では，教員あるいはインストラクタに直接質問することによって理解できることが多い．しかし，e-Learning では，別途そのための仕組みを用意する必要がある．

① FAQ

FAQ（Frequently Asked Questions）は，直訳すると「頻繁に（frequently）尋ねられる（asked）質問（question）」ということであり，コンピュータ利用者が最も多く質問する内容を意味している．その際に，質問がある毎に回答を繰り返す手間と時間を省くために，質問と回答（question and answer）を FAQ 用の Web ページにまとめて公開することが多い．利用者にとっては，その箇所を参照することで，知りたいことがすぐにわかるという利点がある．

② ヘルプデスク

ヘルプデスク（help desk）は，問合せ窓口という意味であり，さまざまな疑問やトラブルを解決するための専用のデスクといえる．以前の電話によるサービスではつながらないといったクレームが出てきたため，最近では電子メールや FAX といった非同期的な対応によるサービスが定着している．また，コンピュータのメーカやベンダでは，普及製品向け用のコールセンタ型と普及製品だけでなく自社の独自製品向け用のオンサイト型に分かれていることが多い．

2）コミュニケーションツール

e-Learning による個別学習の場合，学習者は１人で学習を進めることになるが，何らかの動機づけがない限り学習意欲を持続することが難しい．いつでも学べるということは，そのうち気が向いたらやればいいということでもあり，一向に学習する気が起らないという場合も生じる可能性がある．このような場合に，他の学習者やインストラクタとのコミュニケーションが効果的に作用す

ることが多い．そのためのコミュニケーション手段として，図3-2のように，いくつかのツールが用意されている．
① メーリングリスト

メーリングリスト（mailing list）は，複数の人びとに電子メールを同報できる仕組みを提供する．そのためには，あらかじめメーリングリストに各人のメールアドレスを登録しておく必要がある．その後，メーリングリストのアドレスに電子メールを送信すると，登録した全メールアドレスにその電子メールが届く仕組みになっている．ただし，電子メールでの送信となるので，非同期コミュニケーションとなる．

② BBS

BBS（Bulletin Board System）とは，電子掲示板のことである．ネットワーク環境で設置されている掲示板に，自分の記事や意見を書き込んだり，他の人の内容を閲覧したりできる仕組みである．参加者に対して事前に登録申込みを行うものや限定したメンバーだけに公開しているもの（グループ

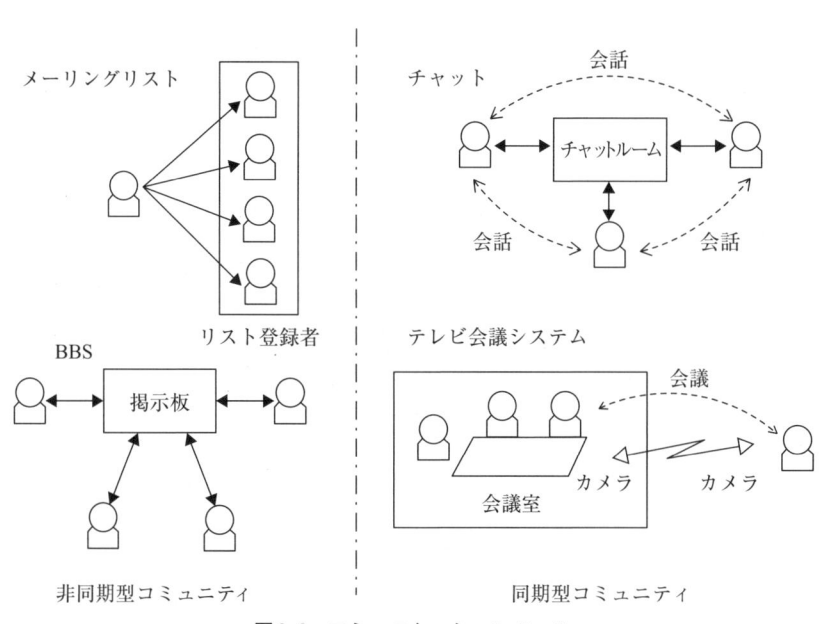

図3-2 コミュニケーションツール

ウェア）だけでなく，完全に自由に参加できるものなどがある．

個人の識別には，ID（identify）以外に，ハンドルネーム（handle name）が利用できる場合もある．ハンドルネームとは，掲示板上でのニックネームのことである．なお，BBSも電子メールでの書き込みとなるので，非同期コミュニケーションとなる．

③ チャット

チャット（chat）は，本来「雑談」という意味であり，他愛のない会話を行うコミュニケーションである．チャットでの会話は常にリアルタイムで進行する（同期コミュニケーション）ので，短い文章でのやり取りが中心になる．また，基本的には不特定多数が参加できるため，ネチケットに基づき自己責任のもとで会話を行うことが原則となる．

④ テレビ会議

テレビ会議システムは，その専用端末で広角レンズを用いて会議室同士を結んでリアルタイムに会議を進めるというシステムである．また，最近では，IPテレビ電話による複数地点のテレビ会議システムなどもある．ただし，この場合，すべての端末を同一機種にしなければならいないためそれほど普及していない．

以上のコミュニケーションツールを適宜学習工程に取り込むことによって，学習者が，他の学習者，あるいは，インストラクタやチュータやメンタとさまざまなコミュニケーションが取れる仕組みが提供されることになる．これによって，個別学習を行う学習者にとっては，学習意欲を持続するきっかけにもなり得る．

3）チュータリング

そもそもチュートリアル（tutorial）とは，個人教授という意味であり，1人または少数の生徒に家庭教師が集中的に教育することである．その家庭教師をコンピュータに置き換え，コンピュータが学習者に対話形式で個別に説明しながら学習を進めることを，チュータリング（tutoring）と呼ぶようになった．その中で，指導や助言を行う役割を担う人を，チュータ（tutor）と呼ぶことも

ある.

4) メンタリング

メンタリング（mentoring）とは，メンタ（mentor）による学習者に対する学習支援のための活動のことである.

メンタリングの目標には，学習過程における脱落（学習の放棄）を防ぐこと，学習者の学習に対する満足度や学習内容への自信といったものを向上させることがあげられる.

以上の目標に対して，メンタは，学習内容や技術面に関する支援活動を行う．学習内容の支援では，学習者が学習内容でわからない事項について質問したときに的確に回答するといった活動がおもになる．技術面の支援では，学習者がコンピュータの操作方法や学習コンテンツの使い方でわからないことや，コンピュータで何らかの障害が発生したときの対処などについて質問したときにできるだけ迅速に回答するといった活動がおもになる．いずれも，学習者から質問が出されてからの活動になるため，受動的な対応といえる.

また，メンタは，学習者の感情面への支援活動も行う．学習者は人間であるがゆえに，さまざまな感情を持つ．学習の過程においても，学習者の感情は絶えず変化し続けており，それによって学習意欲も高まったり下がったりしている．その中でも，意識が下降気味の場合には，何らかの助言や励ましを与えることによって，学習者の学習意欲を向上させるように対処する必要がある.

学習進捗をきめ細かく管理することで，学習者の遅れへの対応や学習計画の変更などについてアドバイスを与える必要もある．e-Learning では，学習進捗のデータもログとして常時蓄積されていることから，ログデータを分析することで助言を与えるかどうかを判断することが可能になる.

これらの活動は，いずれもメンタ自らが必要に応じて行うことになるため，能動的な対応ということになる.

以上のような役割を持つメンタの活動に対して，いくつかの組織では「メンタリングガイドライン」という手引きを作成しているところもある．青山学院大学では，メンタリングガイドラインとして，メンタリングの目標・メンタの活動・メンタの態度・活動の適正水準などについて記載している.

2. 標準化動向

コンピュータの世界では,さまざまな技術領域において標準規格が制定されている.このことは,コンピュータに関する技術を1組織,さらには,1国家だけにとどめておいても意味がないことを示している.それだけでなく,ネットワークの進展に伴い,国際間における技術交流や製品流通も簡便にできるようになってきた.これより,国際的に統一した規格のもとに,全世界でコンピュータ技術を共有できる基盤が確立されたといえる.

同様に,e-Learningにおいても技術標準が進められている.標準化の対象には,学習コンテンツ・学習情報・学習体系(教材・コースの知識体系やシラバスなど)があげられる.たとえば,コンテンツの標準化については,図3-3のような効果が考えられる.

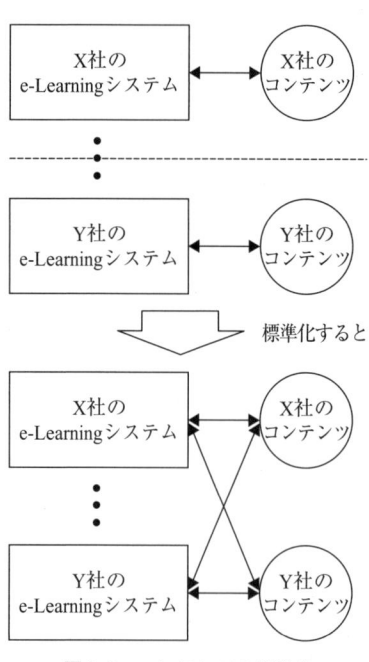

図3-3 コンテンツの標準化

標準化がない場合,X社のコンテンツはX社のe-Learningシステムで,Y社のコンテンツはY社のe-Learningシステムでしか,それぞれ利用できないことになる.ここで,もし利用者がY社のコンテンツをX社のe-Learningシステムで利用したい場合,同じ内容のコンテンツに対してX社のe-Learningシステムのフォーマットに合わせて新たに作り直す必要があり,その分の経費と時間がかかってしまうことになる.標準化を行うことによって,このような問題は生じずに,どこの会社のコンテンツでも利用できるようになる.その結果,業界全体としてもコンテンツの流通が促進され,個々のコンテンツの価格も下げることが

可能になる．

　以上のように，学習コンテンツを始め，学習情報や学習体系に関しても標準化を図ることで，コンテンツベンダやポータルサービスサイト，さらには，ASP（Application Service Provider）など，いろいろな企業において e-Learning 事業のコラボレーションが実現できることになる．それによって，今後ますます e-Learning 業界の進展が見込まれるといえる．

　なお，標準化の対象は，あくまでコンテンツのフォーマットや情報の表現様式さらには相互間のプロトコルに限られている．つまり，標準化は，学習コンテンツや学習情報といった教育内容そのものに対しての制限を与えるものではないということである．

　現在，e-Learning に関する主な標準規格には，LOM 規格・LIP 規格・SCORM 規格・QTI 規格などがある．

（1）LOM 規格

　LOM（Learning Object Metadata）に関する標準規格である．IMS Global Learning Consortium および LTSC（IEEE Learning Technology Standards Committee）によって規格制定された．

　LOM では，メタデータのデータモデルと XML へのバインディングを規定している．XML（Extensible Markup Language）とは，拡張可能なマークアップ言語であり，文章の論理的な構造や形状に関する指定をテキストファイルに記述することができる．これによって，異なるプラットホーム環境のもとでも，インターネットを経由して構造化された文書やデータの共有ができるようになる．

（2）LIP 規格

　学習者のプロフィールや属性を記録した情報である LIP（Learning Information Package）に関する標準規格である．IMS によって規格制定された．

LIP 規格で記述された学習者情報と LOM 規格で記述された教育体系情報を融合することで，学習者の学習に対するニーズと受講状況に最も適した学習コースを動的に生成することができる．

（3） SCORM 規格

SCORM（Shareable Content Object Reference Model）に関する標準規格である．AICC（Aviation Industry CBT Committee）で開発された CMI（Computer Managed Instruction）規格と前述した LOM 規格をもとに，ADL（Advanced Distributed Learning initiative）によって規格制定された．

SCORM で規格するコンテンツは，図 3-4 のようにコース構造，メタデータ，SCO（Shareable Content Object）から構成される[13]．

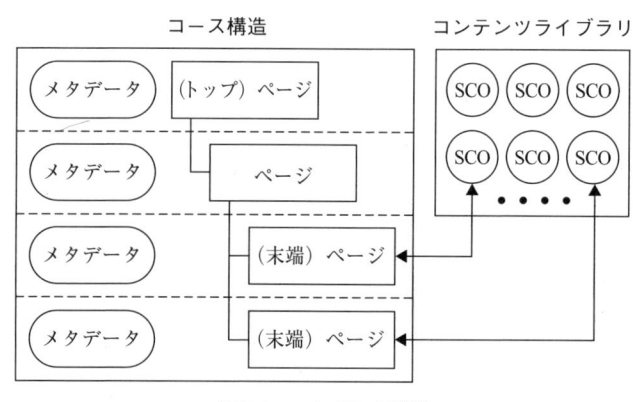

図 3-4 コンテンツ構造

コース構造は，LMS サーバに読み込まれる単位であり，階層的な教材構造記述（目次に相当）として提供される．その階層の末端のページと 1 対 1 に対応しているのが SCO であり，Web クライアントで実行される単位となる．SCO は，教材内容ページやテストページから構成されており，HTML や JavaScript あるいは Java Applet などによって実装される．また，コース構造は，メタデータによって記述されている．

以上をもとに，LMS がコース構造を参照して，学習者に応じたページを選

択して学習コンテンツを編成するとともに，各末端ページに対応したSCOを学習者のWebクライアントに提供することによって，一連の学習工程が展開される．

　SCORM規格の適用によって，教材の相互運用と再利用が実現されることになった．前者については，複数の異なったLMSで同じ教材を実行することができることを意味している．後者については，SCOを複数の異なったコース構造にも利用できるということを意味している．

　これまでのSCORM1.2規格では，学習者適応機能まで取り込んでいなかった．このため，学習者個々人の学習レベルや学習の理解度に応じて，動的に学習コンテンツを再編成するといった機能を提供することができなかった．このような課題を解決するために，ADLはSCORM2004規格を策定した．

　SCORM2004規格によって，学習コンテンツの作成者が意図する動作（たとえば，学習目標が達成されるまで解説と問題を繰り返す，問題ができなければ復習に飛ぶ，など）を組み込むことができるようになり，学習コンテンツの中でのGUI設計（学習者に入力をうながすアイコンなど）ができるようになった．

（4）QTI規格

　テストに関する相互運用性（QTI：Question and Test Interoperability）に関する標準規格である．IMSによって規格制定された．問題データベースに関する規格と，学習者のテスト結果による学習成績やテストの実行履歴に関する規格から構成されている．

3. インストラクショナルデザイン

　インストラクショナルデザイン（Instructional Design）―以下，IDと略す―を直訳すると，教育や学習の構成単位であるインストラクション（instruction）を設計するという意味である．e-Learningシステムにおいても，学習コースや

学習コンテンツを開発する際の指針として ID を利用することが可能である．これによって，より効果的な e-Learning による学習環境が実現できるといえる．ここでは，ID プロセスの各工程（分析・設計・開発・評価）について説明する．

（1） ソフトウェア開発プロセスと ID プロセス

　ソフトウェア開発プロセスとは，ソフトウェアの開発工程を何らかの手順に基づいてモデル化したものである．その中で，古くからあってその後広く普及したモデルにウォータフォールモデルがあげられる．

　ウォータフォールモデル（water-fall model）とは，階段状の滝のように，上から下に向けて工程毎の作業を段階的に進めていくというソフトウェア開発プロセスである．工程としては，要求分析・ソフトウェア設計・ソフトウェア開発・ソフトウェアテスト・運用・保守などがあげられる．また，各工程においてソフトウェアの品質を保証することが前提となるため，検査やレビューの実施をそれぞれ組み込んでいる．その上で，後戻りが生じた場合は，1つ前の工程までとしている．

　この開発対象としてのソフトウェアをインストラクションに置き換えると，ソフトウェア開発プロセスの代わりに ID プロセス（Instructional Design process）と位置づけることができる．図 3-5 に，それらの関係を示す．

　ID プロセスの1つに，ADDIE プロセスがある[11]．ADDIE は，Analysis（分析）・Design（設計）・Development（開発）・Implementation（実施）・Evaluation（評価）といった各単語の頭文字を並べた言葉である．これらを一連の教育活動プロセスに当てはめてみると，次のような工程を踏むことになる．

　まず学習活動や学習内容および学習環境に関しての「分析」を行い，具体的した学習目標をもとに教材を「設計」する．設計した内容に基づいて，何らかの技法やツールなどを利用して教材を「開発」する．その教材を用いて，実際の授業や学習を「実施」し，その結果についていくつかの視点から「評価」を行う．具体的には，学習者の学習内容に関する定着度の評価とともに，学習コースや教材に関する適正度についての評価などがあげられる．

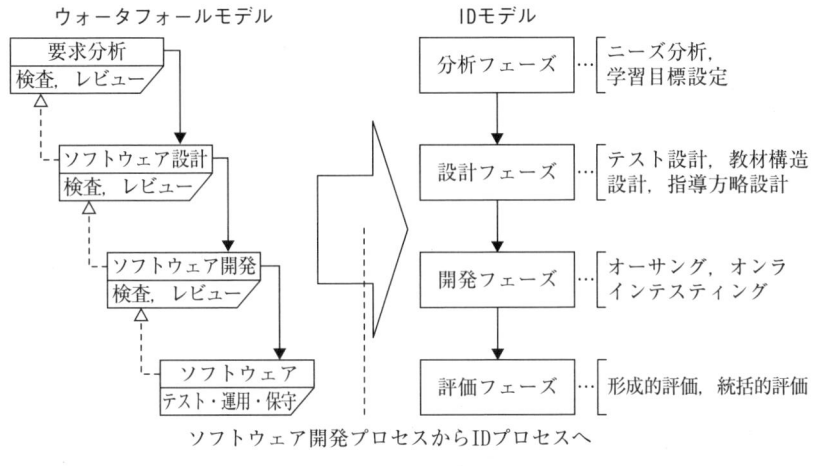

図3-5 本書のIDプロセス

（2） IDプロセスの概要

ここでは，鈴木モデル[15]をベースにしたIDプロセスを取り上げる．具体的には，分析・設計・開発・評価の4つのフェーズから構成されている．

1） 分析フェーズ

分析フェーズでは，ニーズ分析と学習目標設定があげられる．

① ニーズ分析

オペレーティングシステムからアプリケーションプログラムに至るまで，ソフトウェアに対する要求仕様は多種多様に及ぶといえる．このことは，学習コースや学習コンテンツに対する要求（needs）にも当てはまるといってよい．その要求とは，現状と望むべき姿の間に存在するギャップであるといってよい．ニーズ分析は，ある教育に対するさまざまな要求を明らかにした上で，それらが教育によって解決できるか否かを判定することである．

② 学習目標設定

ニーズ分析の結果，解決可能となった場合において，学習目標設定を行う．学習目標設定とは，要求を解決することで望むべき姿が実現されることを前提に，学習によって到達できる目標を明らかにすることである．その目標とは，学習者が学習によって身につけておいてもらいたいと思う意図（ね

らい）を具体的に記述したものである．その際に，あくまで学習が終わった後に結果として身につくはずの内容を前提とする．また，学習目標を明確にするためには，次のことに留意する必要がある．

第1に，学習者の行動として目標を表すことがあげられる．つまり，学習者が学習を終えたことで，何ができるようになったのか，何がわかったのか，といったことを具体的な行動によって表す（たとえば，「…することができる」「…について説明できる」）ことを意味している．学習者自身の内側の変化ではなく，外から目に見える変化（学習の外化）として表すわけである．

第2に，どんな条件で評価するかによって目標レベルが異なるため，学習目標に対する評価条件を明らかにすることがあげられる．たとえば，テストのときに，電卓あるいは辞書の使用を認めるか否かといった条件である．

第3に，学習を終了したときの合格の基準を明確に示すことがあげられる．これによっても，学習目標のあり方が変わってくるからである．

2) 設計フェーズ

設計フェーズでは，テスト設計，教材構造設計，指導方略設計があげられる．

① テスト設計

テストを作成する際に，相対評価か絶対評価かのどちらとするのかを明らかにする必要がある．相対評価は，学習集団の中での相対的な位置づけを評価することであるため，できるだけ差がつくテストを作成する必要がある．一方，絶対評価は，特定の基準に対して絶対的に評価することであるため，学習目標と整合性の高いテストを作成する必要がある．

以上を前提に，前提テスト・事前テスト・事後テストの指針（判定の基準となるガイドライン）について設計する．それぞれの関係は，図3-6の

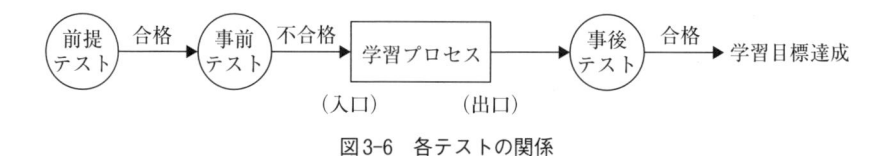

図3-6 各テストの関係

ようになる．

　前提テストは，その学習を行う際に前もって習得しておくべき基礎的な内容（前提条件）を判定するためのテストである．このため，「合格」した学習者だけを選別する一方で基礎（力）が不足している学習者を対象外とするとともに，学習の責任範囲（前提条件さえあれば学習目標の達成が可能）を明確にすることができる．

　事前テストは，学習を行う前に，すでに学習目標に到達しているかどうかを判定するためのテストである．このため，「不合格」の学習者だけを選別し，すでに目標とした学習内容を身につけている学習者を対象外とする．

　事後テストは，学習した結果，設定した学習目標に達成できたかどうかを判定するためのテストである．このため「合格」すれば，学習目標に到達できたことになる．一方，「不合格」の場合は，その原因が学習者の学習過程にあるのか，学習コースあるいは教材そのものにあるのかについてフィードバックをはかる必要がある．

② 教材構造設計

　ここでは，課題分析をもとにして，教材（コース）構造を設計する．課題分析とは，学習目標を達成するために必要となる学習要素とその関係を洗い出すことである．その際に，学習プロセスの出口（学習目標）から入口（前提条件）の方へと逆にさかのぼることが有効である．

　課題分析では，クラスター分析，階層分析，手順分析といった手法がある．クラスター分析とは，学習目標に含まれている要素群を複数の項目に分けるとともに，それらの中から関連のあるものをかたまりとして並列的に配置する方法である．階層分析は，最上位の目標を達成するための下位レベルの部分目標を洗い出す作業を繰り返しながら，最終的に前提条件に行きついた時点で階層関係を決定するという方法である．手順分析とは，学習目標に到達するためにまず何をしてから次に何をするという形で線形的に手順を明らかにする方法である．

　以上の課題分析をもとに，教材（コース）を具体的に設計する．その際に，ガニエの9教授事象が参考になる．ガニエの9教授事象では，学習者の学びを

より良くするための指針を与えている．具体的には，次のようになる．
　［導入として］
　　1．学習者の意識の喚起：学習への取り組みを自覚させる．
　　2．学習目標の提示：目標を確認させ，意識を集中させる．
　　3．前提条件の確認：前提知識を再度思い出し復習させる．
　［展開として］
　　4．新規内容の提示：新しく学習する内容を既習事項と関連づけて提供する．
　　5．学習ガイダンス：4を学ぶための指針を提供する．
　　6．実際の体験：練習を踏まえ応用させる．
　　7．フィードバック：6の結果を学習者に認識させる．
　［まとめとして］
　　8．学習成果の評価：事後テストを実施する．
　　9．保持と転移：時間経過後に，知識定着のため復習させる．
　教材（コース）設計では，チャンク毎の設計を行う．チャンク（chunk）とは，本来塊という意味であり，教える内容の解説（情報提示）と練習による理解度の確認（学習活動）を合わせた学習単位である．
　③　指導方略設計
　　ガニエの9教授事象をもとに，実際の学習プロセスを設計する．具体的には，動機づけ，学習目標，前提条件，教材構成，チャンク毎の方略，学習評価，といった一連の過程を明らかにする．
　3）　開発フェーズ
　開発フェーズでは，オーサリングとオンラインテスティングがあげられるが，いずれもe-Learningのプラットホーム技術によって実現することになる．
　①　オーサリング
　　教材の開発にあたっては，オーサリングツールを用いることが多い．その場合，学習コンテンツの種類によって手順が異なる．
　　静止画の場合は，プレゼンテーションソフト（たとえば，マイクロソフト社のPowerPointなど）で作成したスライドファイルを，そのままオーサリングツールに流し込む手順となる．その結果，スライドの1枚が，1画面

に相当することになる．学習者は，その画面を（読むのではなく）見ながら学習を進めることになる．このため，重要事項や留意事項については，より強調する表現（フォントサイズや色）を用いること，見ただけでは記憶しにくいことから知識定着のための確認（練習問題）を挿入すること，などの工夫が必要になる．また，スライドのデザインについては，全体としてのレイアウトおよび操作の統一，文字数と画像（図表を含む）との見やすい配置などについても考慮する．

　動画の場合は，画像・音声・音楽を扱えるマルチメディアコンテンツ作成ソフト（たとえば，アドビ社の Flash や Director あるいはフリーソフトの Kit97 など）を使うか，ビデオ対応型オーサリングソフトなどを用いる．ビデオ対応オーサリングソフトでは，インストラクタによるストラクション風景（動画と音声）とそれに対応したスライド画面を同期させながら進める手順となる．このため，ビデオによる録画と録音およびそれに合わせたスライドを作成した上で，それらを同期させながらオーサリングすることによって教材を開発する．

② オンラインテスティング

　学習コンテンツには，学習内容の解説（情報提示）を列挙するだけでなく，その内容に関する学習者の知識定着度の確認（テスティング）を含める必要がある．テスティングにおけるテストには，その分類の仕方によって異なったものが存在する．具体的には，

・尺度基準による分類：絶対評価をベースにした目標基準準拠テストと相対評価をベースにした集団基準準拠テスト

・学習プロセスによる分類：学習の進行過程をベースにした形成的テストと学習が終了してから学習の成果をまとめる総括的テスト

・出題の自由度による分類：学習者毎に問題を提示する適応型テストと学習者全員に同一問題を提示する固定型テスト

・実施状況による分類：1検査者対1学習者による個別テストと1検査者対複数学習者による集団テスト

などがある．これらのテストの中から，それぞれ学習内容の特性に合わせた

ものを選択することになる．

　また，テストを実施する際の方法によって，筆記テスト・面接テスト・実技テスト・レポートテストなどがある．この中でよく用いられる筆記テストについては，記述式テストと選択式テストがある．記述式テストは，論文や記述文などの文章で答えさせる方法である．選択式テストは，選択肢のない再生式と正しいものを選択する再認式がある．再生式テストには，次のものがある．

- 単純再生：計算を行ったりひらがなを漢字に直したり文章から該当語句を書く．
- 穴埋め：空欄に適切な語句を入れる．
- 訂正：間違った箇所を見つけて直す．
- 序列：ある順番に並べる．

再認式テストには，次のものがある．

- 真偽：選択群に対して，正しいか正しくないかを○×で表す．
- 多肢選択：複数の選択群から正しいものを選ぶ．
- 組合せ：2つの選択群から項目同士を関連づける．
- 穴埋め：空欄に当てはまる語句を選択群から選ぶ．

　テスティングの機能を提供するものがオンラインテスティングであり，オーサリングツールの中に組み込まれたものが多い．その多くは，GUI（Graphical User Interface）ベースのウィンドウズシステムを採用している．GUIは，コンピュータグラフィックスとポインティングデバイスを用いて，ユーザに対して直感的な操作を実現するためのインタフェースである．具体的には，図3-7のようなウィジェット（widget）から構成される．

　ラジオボタン（radio button）は，あるオプションをオンあるいはオフに設定する円形のウィジェットで，同一グループの中から1つだけ選択する機能を持つ．チェックボックス（check box）は，ラジオボタンと同じ機能を持つ四角形のウィジェットで，複数のチェック項目を選択する機能を持つ．リストボックス（list box）は，リスト状のアイテムから1つ以上を選択するウィジェットである．コンボボックス（combo box）は，リストボックス

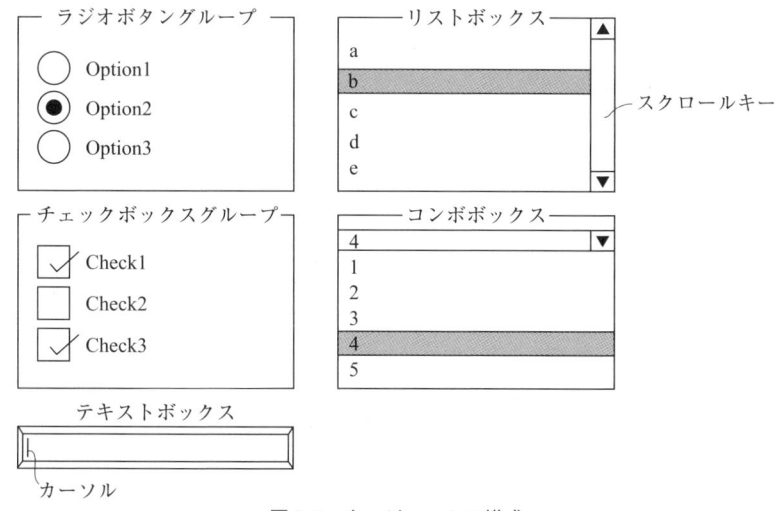

図3-7　ウィジェットの構成

を1行分のテキストボックスと組み合わせたウィジェット（ドロップダウンリスト）である．テキストボックス（text box）は，テキスト情報を1行分あるいは複数行分入力するためのウィジェットである．

　以上のウィジェットを組み合わせて，上述した記述式テストや選択式テストの解答画面をデザインする機能を持ったオンラインテスティングツールもある．

4）評価フェーズ
評価フェーズでは，形成的評価と総括的評価があげられる．
① 形成的評価

　形成的評価とは，学習コンテンツを作成している過程において，よりよいものに改善するために行う評価である．その評価基準は，作成している学習コンテンツが本当に役立つものなのかどうかという点にある．このため，学習者自身による評価が前提となるとともに，開発者は学習者の学習行動を常に観察する必要がある．評価の実施は，学習コンテンツの開発が終了した時点となる．

　形成的評価を行うためには，前提テスト・事前テスト・学習コンテンツ・

観察プラン（学習者の学習状況を記録するもので，学習経過時間も含む）・事後テスト・アンケートをあらかじめ用意しておく必要がある．また，その実施においては，1対1評価，1対多評価，実地評価といったステップがある．1対1評価とは，開発者と学習者1人が相対して学習コンテンツを評価することである．これに対して，1対多評価は，複数の学習者によるグループでの実施のことである．実施評価は，開発した学習コンテンツが最終的に実用に耐えられるかどうかを評価することである．

② 総括的評価

総括的評価とは，開発した学習コンテンツを最終的に使うか否かを判定する評価である．このため，開発者以外の他の人が評価することになる．評価の実施は，学習コンテンツが完成した時点となる．

以上の諸評価をもとに最後の段階として，学習コンテンツの改善を図ることになる．これによって，作りっぱなしにしておくのではなく，よりよい学習コンテンツの提供を心掛けることで，IDによるe-Learningの学習効果を高め，教育の質を向上させることを目指す．

4. 製品事例とその利用

ここでは，e-Learningシステムの製品事例として日立電子サービス（株）のHIPLUSを取り上げ，教育現場での利用による効果，およびそれらを実現するためのシステム機能について説明する．

（1） HIPLUSの教育場面における効果

教育現場においてHIPLUSを実際に使用する場面を想定し，どのような効果が表れるのかについて具体的に説明する．

1） 質疑応答の場面

HIPLUSにより学習している最中にわからないことが生じた場合，学習者は，FAQ機能を使って確認することができる．もしFAQに列挙されていない質問であったときは，Q&A機能によって，直接インストラクタに質問を出すことができる．一方，インストラクタは，適宜それらの質問に対して回答を返信するとともに，必要であればFAQに新規登録することもできる．これによって，LSSのチュータリングを実現することができる．

これらの機能によって，学習者にとっては，質問しやすい環境が提供されることになり，いつでも質問できるという心強さを得ることができ，学習に対するモチベーションを維持することができる．また，わからないことをそのままにしておくことなく，インストラクタからの回答によって理解した上で学習を進めることができることから，結果として学習効果を上げることができる．

2） 意見交換の場面

HIPLUSを自学自習で使用している場合，学習者の中には孤独感に苛まれることがある．その場合のコミュニケーションツールとして，BBS機能やチャット機能を利用することができる．HIPLUSでは，BBS機能の中に，ファイル添付機能もサポートしている．

これらの機能によって，インストラクタだけでなく他の学習者らと意見交換を行ったり，インストラクタが学習者のために補助資料を作成し学習者に添付して送付することもできる．

3） 事務連絡の場面

HIPLUSには，お知らせ機能があり，いろいろな対象者（全体・学部別・学科別・科目別・教材別・学習者別）に対して，事務連絡を送ることができる．学習者は，ログイン画面か個人ポータル画面にて閲覧することによって確認することができる．

この機能によって，HIPLUSを単なる学習の場としてだけではなく，情報ステーションの場として活用することができる．

4） 事前学習の場面

　科目の授業形態には，講義や演習だけでなく，実習や実験もある．その際に，実習や実験に伴うアクション（たとえば，機材や機器の操作方法など）について，事前に習得しておく必要がある場面がある．また，機材や機器の使い方に関しては，画面や機材そのものを操作する動作を確認しながら理解していくという学習が有効となる．

　このような場面では，HIPLUSのマルチメデイアコンテンツ制作支援ツールを利用することができる．これは，プレゼンテーションソフトで作成したスライドとビデオ（インストラクタによる講義の動画）を連動することで，簡単に動画コンテンツを制作することできる．

　この機能によって，実習や実験の時間の中に事前指導を入れる必要がなくなり，本来の授業活動が展開できるようになる．また，対象者には事前に，個別に学習しておくこと指示することで，それぞれ好きな時間に学習を行うことができる．さらに，利用状況管理機能により，事前学習を終えたかどうかを確認することができる．

5） 学習管理の場面

　HIPLUSで学習している学習者に対して，学習状況を把握したい場合がある．そのために，メール機能と学習管理機能が提供されている．

　メール機能は，学習進捗度合いが低い学習者を自動的に抽出して，フォローメールを一括して送信するものである．学習管理機能では，利用状況，学習進捗率，成績などを抽出し表示することができる．抽出したデータは，CSVデータとしてダウンロードできるので，表計算ソフトで加工・印刷することもできる．これらによって，LSSのメンタリングを実現することができる．

　これらの機能によって，学習者に対してきめ細かい学習指導をサポートすることができるとともに，学習者にとっても自分の学習状況や学習効果を把握できることから，学習に対するモチベーションを維持することができる．

（2） HIPLUS の機能

HIPLUS では，4.（1）のような効果を生み出すためにさまざまな機能を提供している．ここでは，機能毎に分けて説明する．

1） 学習者機能

学習者に対して提供されるサービス機能である．学習者に提供されるトップ画面は，図3-8のようになる．

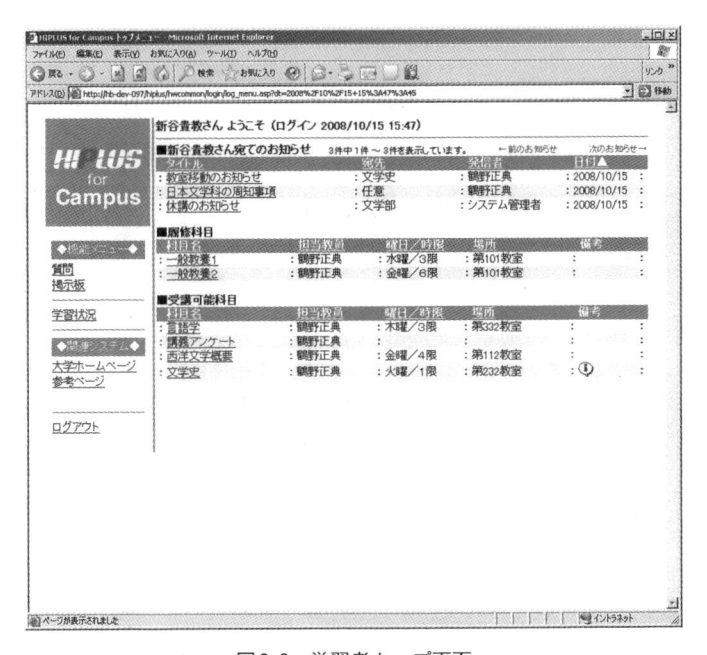

図3-8　学習者トップ画面

① お知らせの利用

「お知らせ」に表示されている全受講者対象のお知らせ一覧により，職員（教務担当者・システム管理者など）やインストラクタからの各種指示に従う．

② 科目の選択

「履修科目」一覧には，開講されている科目がすべて表示されている．「受

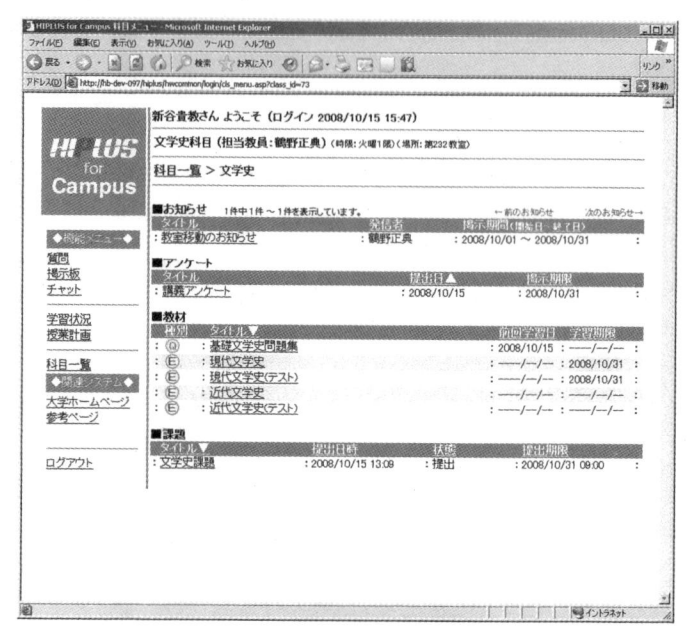

図3-9 学習者科目画面

講可能科目」一覧には，自分が履修できる科目がすべて表示されている．そこで，この中から受講したい科目を選択することになる．

続いて，学習者が選んだ受講科目の画面は，図3-9のようになる．

③ 科目の学習

たとえば，「受講可能科目」から「文学史」を選び，学習に入ることにする．「教材」には，単元毎の内容や小テストや問題集などが含まれている．これらを順番に学習していく．

④ レポートの実施

「課題」に提示されている課題をもとに，電子データとしてレポートを作成し添付ファイルとして提出する．

⑤ アンケートの実施

「アンケート」の内容に基づいて答えていく．

⑥ お知らせの利用

「お知らせ」に表示されている個人向けのお知らせにより，各種指示に従う．

⑦ コミュニケーションの利用

「質問」「掲示板」「チャット」をそれぞれクリックすることで，インストラクタへの Q&A，他の学習者やインストラクタ・TA による BBS やチャットによるコミュニケーションができる．

2） 教員機能

教員（インストラクタ）に対して提供されるサービスである．教員に提供されるトップ画面は，図 3-10 のようになる．

① お知らせの利用

「教員宛のお知らせ」に表示されている内容により各種指示に従う．

② 担当科目の管理

図3-10　教員トップ画面

「担当科目」一覧に,自分が担当している科目がすべて表示されている.
③ 質問への回答
「質問一覧」には,学習者からの質問が一覧として表示されており,それに対して回答を出すことができる.
④ 教材の作成
教材そのものは,静止画を用いたプレゼンテーション形式であらかじめ作成しておく.作成した教材は,「かんたん教材作成システム」(付属ソフトウェア)を用いて,HIPLUS用教材(すべてSCORM1.2に準拠)に変換する.次に,「教材置き場」において,選択した教材を科目に割り当てる.その際に,公開(他の先生方も利用可能)あるいは非公開(自分専用)の区別を設けることができる.なお,プレゼンテーション以外の教材コンテンツとして,動画(ビデオカメラで撮影した動画との連動)も扱うことができる.また,オーダーメイドだけでなくレディメイドにも対応している.

「教材置き場」では,これら以外に,授業補助資料の公開もできる.これによって,学習者は公開された資料を参照したりダウンロードすることがで

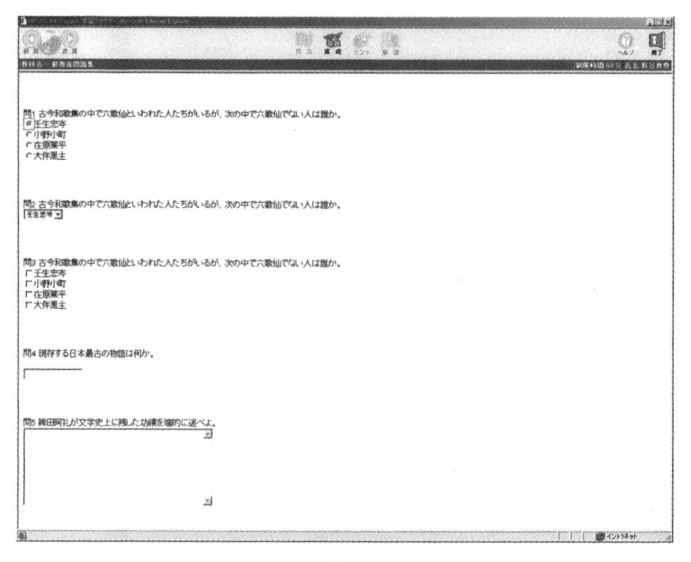

図3-11 小テスト画面

きる.
⑤ 小テスト・アンケートの作成

「教材置き場」の「クイズ作成」において，小テストを簡単に作成することができる．設問種別から択一選択問題（ボタン）を選択し，問いタイトル・配点・問題本文を入力する．また，合格点も設定できる．

また，「教材置き場」の「アンケート作成」において，担当科目に対するアンケートを作成することができる．その際に，択一選択問題（ラジオボタン・チェックボックス・リストボックス・コンボボックス），記述式問題（テキストボックス）などを簡単に作成することができる．

以上の画面は，図3-11のようになる．

次に，担当科目毎の画面は，図3-12のようになる．
⑦ 担当科目の管理

「科目情報変更」において，科目情報（科目名称・担当教員・開設日・

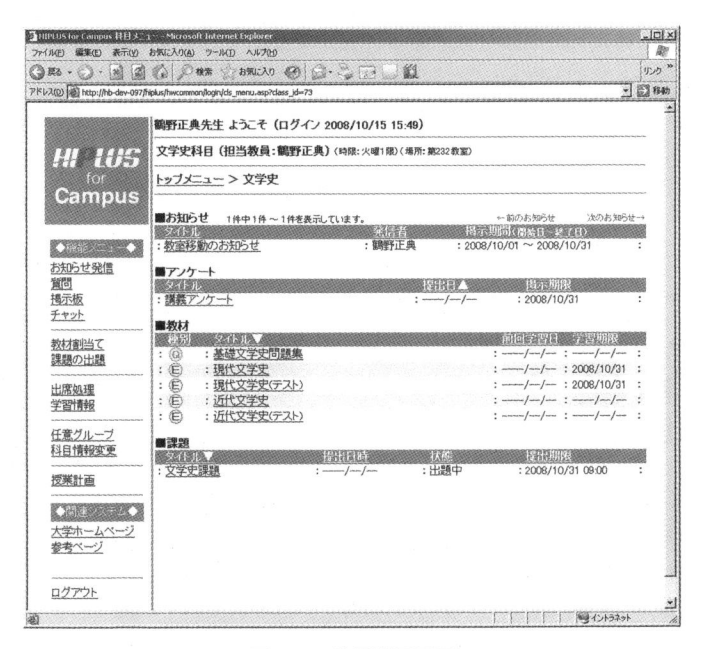

図3-12 教員科目画面

授業回数・曜日・時限・場所）が表示される．その中の「履修者リスト」において，科目履修者の一覧が表示される．担当科目の授業計画については，「授業計画入力」で登録することができる．それを，「授業計画」で参照することができる．「TA登録」では，担当科目毎にTA（Teaching Assistant）を登録するとともに，操作権限を付与することもできる．

⑧ レポートの管理

「課題の出題」において，レポートの作成・出題・登録（配布）ができる．その際に，提出期限も指定できることで，未提出の学習者を自動検出することによって提出催促も可能となる．

「学習情報」の「このシステム（LMS）で提出させた場合の評価」において，レポートを評価することができる．その際に，再提出の学習者に対してだけ，コメントを戻すこともできる．

⑨ 小テストの管理

「学習情報」の「e-Learningでの学習履歴参照」の「クイズの得点」において，小テストの成績を表示することができる．

⑩ アンケートの管理

「学習情報」の「アンケート集計」において，アンケートの集計結果を参照することができる．

⑪ 学習履歴の管理

「学習情報」の「e-Learningでの学習履歴参照」の「学習回数・時間」において，詳細な学習履歴を参照できる．具体的には，学習回数・時間・進捗率・小テストの正解率・小テストの得点・合否などがあげられる．

⑫ コミュニケーションの利用

「質問」「掲示板」「チャット」をそれぞれクリックすることで，学習者へのQ&A，他の学習者やインストラクタ・TAによるBBSやチャットによるコミュニケーションができる．

⑬ 出欠の管理

「出席処理」の「科目履修者一覧から入力」において，学習者毎の出欠状況を登録することができる．これらのデータは，成績評価でも利用できる．

⑭ 成績評価

「学習情報」の「解答用紙などで提出させた場合の評価」において，各履修者の評価を入力する．また，「成績の集計」において，成績評価項目を選び，評価条件を登録する．その際に，何点以上ならA，何点から何点まではBといった評価条件を設定できる．さらに，特別条件設定により，出席が何々以下なら無条件でDといった設定もできる．成績の得点に対しては度数分布を表示できるとともに，集計結果をCSVデータで出力する．

⑮ 学習者フォロー

学習者の中から落ちこぼれや取りこぼしを早期に発見し救済することができる．「学習情報」の「参加態度（学習時間等）と成績状況（小テストの点数等）の参照」に基づき分析を行う．それをもとに，お知らせ（ブラウザ上のメッセージ）と電子メール（個人発信だけでなく，同報通報の可能）を発信することができる．これらによって，チュータリングやメンタリングといった学習支援活動を行うことができる．

⑯ その他の機能

以上の他に，次のようなオプションが提供されている．

・シングルログイン機能

各種ポータルシステムから，HIPLUSへシングルサインオンができる．

・テスティング機能

テスト問題をデータベース化（アイテムバンクに相当）し，抽出条件に基づきランダムに出題する．

・CBT機能

テスティング機能と組み合わせることで，複雑な問題を画面で解答できる．

章末問題

(1) インターネット上でも数多くの学習コンテンツがフリーで公開されている．その中から1つを選び，どのような教材構成になっていて，どのような特徴があるのか，その実装手段は何かについて調べよ．

(2) コンピュータ関連の資格試験の中で，CBT によるテストを実施しているものをケーススタディとして取り上げて調べよ．その際の調査項目は，試験対象者・試験内容（出題範囲・時間）・評価方法とする．

(3) メーリングリストと BBS とチャットそれぞれのコミュニケーション上の相違点はどういうところにあるか．

(4) IT 業界として標準規格を制定することによって生じる利点と問題点について論じよ．

(5) 鈴木克明著「教材設計マニュアル─独学を支援するために─」の第 1 〜第 7 章までを熟読した上で，自学自習教材を作成せよ．教材の対象は，小学校および中学校の教科目の 1 つとし，1 時間程度で学習できるものとする．なお，教材はワープロによるプリント媒体とする．

(6) HIPLUS 以外の e-Learning システム製品を取り上げ，HIPLUS との共通点と相違点について調べよ．

第4章

e-Learning の取り組み

e-Learning は，すでにさまざまな分野の教育現場において普及し定着しているといってよい．ここでは，学校教育・企業内教育・生涯教育といった教育現場を対象に，教育の情報化や IT 環境の整備状況を含め，e-Learning がどのように実践されているのかについて取り上げる．

1. 各教育現場での比較

教育現場としては，学校を対象とした初等中等教育と高等教育，民間の企業教育，社会人向けの生涯教育とする．それぞれの教育現場の実態と特性についてまとめると，表 4-1 のようになる [16]．

（1） 教育のあり方

学校教育では，初等中等教育と高等教育を分けているが，これは教育に関する枠組みが根本的に異なることによる．

具体的には，初等中等教育では，義務教育を含むことから文部科学省が告示する学習指導要領に準拠した授業が展開されている．児童・生徒は，それらを受動的に学習することが前提になっている．一方，高等教育では，大学設置

表 4-1　教育現場の比較

比較項目		学校教育		企業教育	生涯教育
		初等中等教育	高等教育		
教育	の概要	高等学校またはそれに準ずる学校を卒業するまでの間, 主として通う学校で行ける教育	初等中等教育または高等教育を修了した者が, 学位を取得するために受ける教育	企業に勤務する者が, 知識や技能を習得するために受ける教育	社会人として生活している者が, 自己啓発や教養を身につけるために受ける教育
	の実施場所	保育所, 幼稚園, 小学校, 中学校, 高等学校 (通信制, 定時制を含む), 盲学校, 聾学校, 養護学校	高等専門学校, 短期大学・大学・大学院 (通信制を含む)	企業内, 外部の研修施設	専修学校, 各種学校, 大学の公開講座, 市民講座, カルチャースクール
	に関する制約	文部科学省の学習指導要領に準拠	大学設置審査で認可されたカリキュラム・シラバスに準拠	企業内のキャリアパスや人事課に準拠	とくになし
	の期間	年間 200 日以上で, 計 12 年間	聴講生以外は, 年間 200 日以上で, 計 4 年間	新入研修以外は, 受講生により異なる	受講生により異なる
	の内容	学習指導要領で指定された教科目 ※ほぼ必修扱い	カリキュラムを構成する科目 ※必修だけでなく選択も多い	受講生により異なる	公開されている講座 ※内容は多岐に渡る
	の進め方	定められた年間予定表と時間割に基づき, 特定の教室で授業を受ける	聴講生以外は, 定められた年間予定表と自分で作成した時間割に基づき, 複数の教室で授業を受ける	指定された日時と場所で授業を受ける	受講生により異なる
	に対する姿勢	受動的	ある程度能動的 ※進級・卒業要件を満たすため	受動的 ※昇格試験や資格取得試験は能動的	能動的
授業	を指導する側	専任の教諭 ※教員免許状取得が条件	専任/非常勤の教員 ※大学教員審査合格が条件	専属/派遣のインストラクタ	専属/派遣のインストラクタ
	を受講する側	児童・生徒	学生 (留学生, 社会人を含む)	社員	社会人
	の進行	講義中心, 一部実習 ※チームティーチング制あり	講義, 演習, 実習, 実験	講義中心, 一部実習	講義中心, 一部実習
	での個別指導	基本的にはなし ※不登校生に対してはあり	ゼミナールのみ	なし	なし
	での使用教材	検定教科書	市販の専門書	オリジナルテキスト	オリジナルテキスト
	でのテスト	相対評価	絶対評価	絶対評価	とくになし
	に対する評価	とくになし	学生による授業評価	受講生によるアンケート評価	受講生によるアンケート評価
IT 関連	コンピュータの設置	徐々に整備されている	整備されている	整備されている	場合による
	ネットワークの設置	まだ十分とはいえない	イントラネット設置済み	イントラネット設置済み	場合による
	サーバの利用	外部 (プロバイダを含む) からの接続	学内に設置	組織内に設置 ※一部に ASP 利用あり	場合による
	HP の公開	すべてではない ※情報化推進校はすべて	ほぼ全学	ほぼ全企業 ※零細企業以外	ほぼ全部
	メールアドレスの付与	ほとんどなし	全学生 ※一部, 卒業生も対象	全員	なし
	授業での IT 活用	小中高「総合的な学習の時間」, 中学では技術・家庭科, 高等学校では教科「情報」	全学部・学科での一般情報教育, IT 専門学科での情報処理教育	IT 系の研修コースのみ	IT 系の講座のみ
e-Learning	の実施状況	低い ※単位認定制度なし	比較的高い ※通学制で 60 単位まで認定	高い ※教育コスト削減	－
	の利用形態	不登校児童・生徒への対応	遠隔地授業, 語学授業, 資格 (簿記・会計, IT) 関連授業	入社前研修, 職務研修	－

審査会(文部科学省所管)で認可されたカリキュラムとシラバスに基づいた授業が前提となるが，学習指導要領のような指導基準がないだけでなく教員の裁量により自由に授業が行われているのが実情である．学生は，それらの中から自分の意向に合った科目を選ぶことで，ある程度は能動的に学習することになる．また，授業で使用する教科書についても，初等中等教育では文部科学省検定教科書が指定されるが，高等教育では市販の書籍(自著，他著を含む)を自由に使うことができる．

このように，教育担当の所轄である文部科学省からの規制が多いか少ないかによって，教育のあり方も異なってくるわけである．

企業教育では，基本的には行政機関からの制約を受けることはない．ただし，業種によっては，国家試験資格取得者による職務遂行が条件になることから，資格取得教育が必要になる場合がある．一般的に，企業では人事考課としてキャリアパスを設定していることが多く，それに基づいて計画的に教育が実施されている．この場合，人事課主導による教育になることから，社員はどちらかというと受動的に受講することが多い．それに対して，昇格や昇進時に資格取得を考慮する場合，社員は能動的に資格取得のための学習を行うといってよい．

生涯教育では，ほとんどが能動的な学習となる．自分の中で何らかの知識や技能を習得したいという意欲が生じ，それが学習の動機づけとなり，主体的に学習を行うという姿勢に結びつくことになる．

(2) IT環境とe-Learningの活用

次に，e-Learningの活用に関しては，各教育現場におけるIT (Information Technology) 環境の整備状況が大きな要因となる．つまり，どこまで情報基盤としてのIT化が進んでいるのかに依存するということである．

初等中等教育では，まだIT環境が十分整備されているとはいいがたい状況にある．学校全体での児童・生徒向け教育用コンピュータの設置状況は，コンピュータ1台当たり約7人となっており1人1台体制にはほど遠いだけでなく，学内LANも施設されている学校は少ない．各教科目でのIT利用もあまり実

践されていない.

　これに対して，高等教育と企業教育では，積極的にIT環境を整備・拡充している状況にある．ほぼすべての大学および零細以外の各企業では，学内あるいは社内にサーバを設置するとともに，LANによるイントラネットを施設しており，ポータルサイトを公開しているところも多い．最近では，無線LANを始めPDAや携帯端末などの普及により，ユビキタスコンピューティングを指向する大学や企業も増えつつある．

　ユビキタス（ubiquitous）とは，本来「遍在する」という意味であるが，いつでも，どこでも，誰でも使うことができる技術や環境のことである．ユビキタスコンピューティングは，コンピュータを世界中にあまねく設置し，誰でも自由に使うことができることを目指している．その際に，ユビキタスネットワークを介してどこでもどんなものでもネットワークに接続できることを前提とする．これらのユビキタス環境が実現されれば，教育にも大きく貢献する可能性がある．

　e-Learningの実施状況については，初等中等教育は低く，高等教育および企業教育は高いといえる．これには，学校においてメディアを利用した遠隔授業に対する単位認定を制度として認めるか否かが大きな要因になってくる．遠隔授業を単位として認める場合，e-Learningは有効な教育手段になり，e-Learningの特性を生かした教育を展開できる．たとえば，マルチメディアコンテンツを使った語学教育，資格取得教育などがあげられる．語学教育では，言語の構文や文法の理解度を上げるためのドリルテスト，各言語で表示されたホームページの閲覧と翻訳，音声による発音練習，動画による会話習得などに利用することができる．資格取得教育では，数多くの過去問やアイテムバンクによる類似問題を用いた弱点補強のための学習に利用することができる．

　企業では，教育訓練費に関わるコストをできるだけ抑えたいという意向があることから，e-Learningを積極的に利用する傾向にある．

2. 初等中等教育での取り組み

ここでは，初等中等教育の e-Learning に対する取り組みの前提条件としての「教育の情報化」と IT 環境，そして，e-Learning の事例について取り上げる．

(1) 教育の情報化

初等中等教育における情報教育は，昭和 40 年代に高等学校職業科から始まった．1985（昭和 60）年には，臨時教育審議会による第 1 次答申（第 4 次答申まで）や，「情報化社会に対応する初等中等教育の在り方に関する調査研究協力者会議」による審議結果がそれぞれ発表されたことにより，"情報教育元年"といわれるようになった．その後，学習指導要領の改訂が行われる中で，徐々に教育の情報化が進展してきたという経緯がある．

1) 審議会や協力者会議の動き

教育の情報化に関しては，さまざまな審議会や協力者会議による答申や報告が行われてきた．具体的には，次のような活動があげられる [17]．

① 臨時教育審議会

1984（昭和 59）年に内閣総理大臣の私的諮問機関として発足した審議会であり，第 1 次（1985 年 6 月），第 2 次（1986 年 4 月），第 3 次（1987 年 4 月），第 4 次（1987 年 8 月）と計 4 回答申を行った．

第 1 次答申では，教育改革の基本的考え方として，1) 個性重視の原則，2) 基礎・基本の重視，3) 創造性・考える力・表現力の育成，4) 選択機会の拡大，5) 教育環境の人間化，6) 生涯学習体系への移行，7) 国際化への対応，8) 情報化への対応を取り上げた．この中の 8) は，今後の学校における情報教育の進展を方向づける契機になった．なお，1) と 3) と 4) がもとになり，中央教育審議会答申の「生きる力」に結びついていくことになる．

第 2 次答申では，学校での情報手段の活用を進めることで，情報活用能力（情報リテラシー）の育成を図ることを前提に，1) 社会の情報化に備え

た教育を本格的に展開すること（情報活用能力の育成），2）教育機関の活性化のための情報手段の潜在力を活用すること（情報手段の教育での利用），3）情報化の光と影を補うとともに教育環境の人間化に光をあてること（情報化の光と影への対応），といった3原則を打ち出した．

② 教育課程審議会

1950（昭和25）年の教育課程審議会令により設置されたが，現在は中央教育審議会に集約されている．

1986（昭和61）年10月に発表した「教育課程の基準の改善に関する基本方向について（中間まとめ）」では，中学校の技術・家庭科において新しく「情報基礎」という単元を設置するとともに，高等学校において設置者の判断において新しい教科目を設置できることを提言した．

1987（昭和62）年9月に，臨時教育審議会が提言した情報活用能力という言葉の意味を，

情報活用能力とは，情報及び情報手段を主体的に選択し活用していくための個人の基礎的な資質をいう．具体的には，
1) 情報の判断，選択，整理，処理能力及び新たな情報の創造，伝達能力
2) 情報化社会の特質，情報の社会や人間に対する影響の理解
3) 情報の重要性の認識，情報に対する責任感
4) 情報科学の基礎及び情報手段（特にコンピュータ）の特徴の理解，基本的な操作能力の習得

と規定した．

1987（昭和62）年12月に発表した「教育課程の基準の改善に関する基本方針について」の答申により，中学校技術・家庭科に単元「情報基礎」（ただし，選択扱い）を追加，高等学校教科家庭科に単元「生活技術」「生活一般」と数値処理的なアルゴリズムを含めた科目「数学C」をそれぞれ新設するとともに，各教科においてもコンピュータを活用することを配慮することなどが提言された．

また，1997（平成9）年11月にも同じ題目の答申を発表し，中学校技術・家庭科の単元を統廃合して新しく「情報とコンピュータ」を必修扱いに

すること，高等学校に教科情報を新設することが提言された．

1998（平成10）年7月には，「幼稚園，小学校，中学校，高等学校，盲学校，聾学校及び養護学校の教育課程の基準の改定について」の答申を出し，高等学校普通科において教科情報が必修になることが決まった．

③ 理科教育および産業教育審議会

理科教育と産業教育に関する審議を行う部会であり，1998（平成10）年7月に「今後の専門高校における教育の在り方等について」の答申を出した．この結果，高等学校専門科においても教科情報が新設されることになった．

④ 教育職員養成審議会

2000（平成12）年4月から高等学校教科情報を担当する教員免許状の課程認定についての審議を行った．その結果，全国の大学の教職課程において，高等学校情報科の課程認定が行われ，2001年度から実施されることになった．

⑤ 協力者会議

1985（昭和60）年8月に「情報化社会に対応する初等中等教育の在り方に関する調査研究協力者会議」（1990年まで活動）から，第1次審議のとりまとめが発表された．その中で，学校教育におけるコンピュータ利用の3形態として，1）情報処理教育としての利用，2）CAIとしての利用，3）CMIとしての利用をあげた．また，小学校ではコンピュータに触れ慣れ親しませること，中学校では教科の学習指導に利用すること，高等学校では普通科でもコンピュータに関する選択科目を設置することなどを提言した．

1996（平成8）年8月には，「情報化の進展に対応した初等中等教育における情報教育の推進等に関する調査研究協力者会議」が設置され，1997（平成9）年10月に「体系的な情報教育の実施に向けて」の第1次報告を出した．この中で，初等中等教育における情報教育の目標を情報活用能力の育成と位置づけ，そのためには，「情報活用の実践力」「情報の科学的な理解」「情報社会に参画する態度」を習得する必要があるとした．これに合わせて，高等学校に教科「情報」を新設することを提案した．その上で，1998（平成10）年8月に，「情報化の進展に対応した教育環境の実現に向けて」という最終答申を出した．

他には，次のような協力者会議が発足し，それぞれ活動を行った．
・「高等学校学習指導要領（情報）の改善調査研究協力者会議」：新設される高等学校教科「情報」の学習指導案を作成した．また，2000（平成12）年3月には高等学校学習指導要領解説（情報編）を発刊した．
・「情報教育に関する手引き作成協力者会議」：「情報教育に関する手引き」を1990（平成2）年7月に発刊し，現場での情報教育の推進に貢献した．2002（平成14）年には，新「情報教育に関する手引き」を発刊し，情報教育だけでなく，教育の情報化についてもさまざまな提案がなされた．
・「現職教員研修講習テキスト作成協力者会議」：2000年度から3年間47の都道府県で実施される教員資格認定講習会のテキストを作成した．

2) 学習指導要領の変遷

学習指導要領とは，学校教育施行規則の規定を根拠に，国公私立の小学校・中学校・高等学校（他には，中等教育学校・特別支援学校）の各教科で教える内容とその取扱いについて定めたものである．その内容としては，総則（総合的な学習の時間の記載を含む）・教科・道徳（ただし，高等学校は扱わず）・特別活動（特別支援学校では自立活動を含む）から構成されている．これらについては，ほぼ10年毎に改訂・告示が継続的に行われている[18]．

情報教育に関する学習指導要領としては，1970（昭和45）年にさかのぼることになる．

① 1970（昭和45）年の高等学校学習指導要領改訂告示

これによって，表4-2のような情報教育に関する科目とその内容が新た

表4-2 昭和45年高等学校学習指導要領

教科	学科	科目．【　】内はその科目で取り上げる内容
数学	普通科	数学一般【電子計算機と流れ図】
		応用数学【計算機と数値計算】
工業	情報技術科	情報技術実習，プログラミング，数値計算法，システム工学，電子計算機，プログラム理論
商業	情報処理科	電子計算機一般，プログラミングⅠ，プログラミングⅡ

に設置され，工業や商業といった高等学校の職業科において情報処理教育が始まることになった．

② 平成元年の中学校高等学校学習指導要領改訂告示

1）で述べた審議会の答申や協力者会議の審議結果にもとづき，小中高等学校の情報教育も新たな一歩を踏み出すことになった．具体的には，小学校ではコンピュータ等に触れ慣れ親しませる，中学校では技術・家庭科に新たな単元「情報基礎」を設置する，および社会科・数学科・理科・保健体育科の各教科で関連する内容を提示する．高等学校普通科では数学科・理科・公民科・家庭科の各教科でコンピュータに関連する内容を取り込む．高等学校職業科（工業・水産・農業・看護・理数・美術科）ではそれぞれ情報に関する科目を取り入れるなどが提示された．以上をまとめると，表4-3のようになる．

表4-3 平成元年学習指導要領

学校	教科	科目，【　】はその科目で取り上げる内容
中学校	技術・家庭科	情報基礎（ただし，選択単元）を新設
高等学校	数学	数学A【計算とコンピュータ】，数学B【算法とコンピュータ】，数学C（応用数理の観点からコンピュータを活用して数学的な見方や考え方および問題解決の方法について取り上げる）
	理科	物理Ⅰa【情報とその処理】
	公民	現代社会【現在社会における人間と文化】，倫理【現在社会と倫理】，政治・経済【現在の世界と日本】【現代の政治と民主社会】
	家庭	生活技術【家庭生活と情報】，生活一般【家庭生活と情報】，家庭情報処理，家庭経営【家庭経営と情報】
	工業	情報技術基礎，電子情報技術，プログラミング技術，ハードウェア技術，ソフトウェア技術，コンピュータ応用
	商業	情報処理，商業デザイン，文書処理，プログラム，情報管理，経営情報
	水産	水産情報処理，水産情報技術
	農業	農業情報処理
	看護	看護情報処理
	理数	理数数学Ⅰ【数学とコンピュータ】
	美術	コンピュータ造形

③　1998（平成10）〜1999（平成11）年の学習指導要領改訂告示

　このときの改訂では，小中高等学校いずれにおいても，学習内容の部分的な削減，学校週5日制の実施，「総合的な学習の時間」枠の新設という大きな改変が取り込まれた．また，情報教育という観点からは，小学校では「総合的な学習の時間」において情報の活用ができる，中学校では技術・家庭科の単元「情報とコンピュータ」を必修扱いとする，高等学校では教科「情報」を新設する，といったことがそれぞれ実施された．以上をまとめると，表4-4のようになる．

表4-4　平成10/11年学習指導要領

学　校	教　科	科　目
中学校	技術・家庭科	情報とコンピュータ（必修単元）を新設
高等学校	普通教育に関する教科「情報」	情報A，情報B，情報C
	専門教育に関する教科「情報」	情報産業と社会，課題研究，情報実習，情報と表現，アルゴリズム，情報システムの開発，ネットワークシステム，モデル化とシミュレーション，コンピュータデザイン，図形と画像の処理，マルチメディア表現

　②で取り上げた改訂では，各教科に情報に関する内容を一部取り込むというクロスカリキュラム制としたが，その結果専門性が薄まり系統的な情報教育が実施できないという問題が明らかになった．このため，今回の改訂では，情報処理に関する教科目を新たに設置したといえる．それとともに，日本の全国民が受ける義務教育において情報教育が実施されるという画期的な機会となった．

④　2008（平成20）年の学習指導要領改訂告示

　小学校と中学校の学習指導要領は2008（平成20）年に，高等学校の学習指導要領は2009（平成21）年に，それぞれ改訂告示された．

　③で取り上げた改訂では，学習内容の約3割削減により児童生徒の学力低下が社会的問題になってきたことから，今回の改訂では各学校での「総合的な学習の時間」の時間数を削減するとともに，主要教科目の授業時間数を

増やすことになった．また，情報教育という観点からは，中学校では技術・家庭科の技術分野の再編（2単元から4単元へ，その中でディジタル作品の設計・制作，およびプログラムによる計測・制御をいずれも必修扱いとする），高等学校では普通教科「情報」が3科目（情報A・B・C）から2科目（社会と情報・情報の科学）へ再編，高等学校専門教科「情報」が11科目から13科目へ再編，がそれぞれ実施される予定である．

（2）IT環境

学校における教育用コンピュータの施設については，1985年度から国庫補助が始まり，その後1994年度からは地方交付金措置が施された．これによって，全国の学校にコンピュータおよびネットワーク接続などのIT環境の整備が進められた．

1）ミレニアム・プロジェクト

1999（平成11）年には，内閣総理大臣直属のバーチャル・エージェンシー「ミレニアム・プロジェクトについて」が発表された[19]．その中の一項目に，誰でも自由自在に情報にアクセスできる社会を目指して「教育の情報化」が掲げられた．その中で，「子どもたちが変わる」「授業が変わる」「学校が変わる」という状況を目指し，2000～2005年度にかけて全国の学校のIT環境を整備拡充するという政策が明示された．

ハードウェア面での環境整備については，次のような計画が出された．

① 公立学校のコンピュータ整備

それまでの整備計画（1994～1999年度まで）では，標準的な学校におけるコンピュータ教室の整備水準として，小学校では22台，中学校と高等学校では42台，盲・聾・養護学校では8台となっていた．今回の新整備計画では，小中高等学校いずれも42台（児童生徒1人に1台，教員用に2台），盲・聾・養護学校では8台（児童生徒1人に1台，教員用に2台）とした．また，普通教室に各2台（児童生徒用1台，教員用1台），特別教室等に6台とした．以上によって，コンピュータ1台当たりの児童生徒数が，15.5人から5.4人へと変わることになった．

② 公立学校のインターネット接続
　1998年度から計画的に接続を開始し，2001年度までにすべての公立学校がインターネットに接続できることとした．
③ 私立学校のコンピュータ整備・インターネット接続
　2004年度末を目標に，公立学校と同程度の水準の整備を目指して整備を行うとした．
④ 校内LANの整備
　2005年度を目標に，すべての学校（コンピュータ教室・普通教室・特別教室等・学校内どこであっても）からインターネットにアクセスでき，すべての学級のあらゆる授業において教員および児童生徒がコンピュータを活用できる環境づくりのための校内LAN（サーバ・ルータ・ケーブル・ハブ等を含む）の整備を推進するとした．

一方，ソフトウェア面の環境整備については，次のような計画が出された．
① 教員の研修の実施
　2001年度までに，すべての公立学校教員（約90万人）がコンピュータの活用能力を身につけられるようにするとした．
② 学校教育用コンテンツの開発
　2001年度までに，学習資源を活用した学校教育用コンテンツの開発と成果の普及を図るとした．

　もう1つ，教育情報ナショナルセンター機能の整備計画がある．これについては，2005年度までに，全国的な視野から教育の情報化を推進する教育情報ナショナルセンター機能の整備を目指すとした．具体的には，教育情報ポータルサイトの研究，コンテンツの流通，管理プラットホームの開発などを行い，専用サイトを開設することとした．

2） 実態調査
　文部科学省では，「学校における教育の情報化の実態等に関する調査結果」を1987年度から継続的に実施してきている．最新版は，2007年度版（2008

年3月発表）である[20]．これらの内容（2008年3月現在）は，次のようになっている．

① コンピュータ整備の実態およびインターネットへの接続状況

・教育用コンピュータ1台当たりの児童生徒数

1台あたり7.0人（昨年度は1台あたり7.3人，一昨年度は1台あたり7.7人）であり，昨年度並みの伸び率で推移している．なお，2011年3月までの目標は1台あたり3.6人としている．

・普通教室におけるLAN整備率

62.5%（昨年度は56.2%，一昨年度は50.6%）であり，昨年度並みの伸び率で推移している．都道府県別で見ると，最高で91.4%，最低で35.4%と，昨年度（最高で89.9%，最低で28.3%）よりも若干差が減ったものの依然として格差が見られる．なお，2011年3月までの目標はおおむね100%としている．

・教員の校務用コンピュータの整備率

57.8%であり，対前年度比14.8%の大幅アップとなった．なお，2011年3月までの目標はおおむね100%としている．

・高速インターネット（401kbps以上）回線の接続率

94.4%であった．

・超高速インターネット（30Mbps以上）回線の接続率

51.8%であり，昨年度（35.0%）と比べ16.8%の大幅アップとなった．なお，2011年3月までの目標はおおむね1000%としている．

以上より，コンピュータの整備およびインターネットへの接続は年々拡充されつつあることがわかる．

② 教員のICT活用指導力の状況

・教材研究や指導の準備と評価などにICTを活用する能力（小項目4個）

71.4%であり，昨年度は69.4%であった．

・授業中にICTを活用して指導する能力（小項目4個）

55.2%であり，昨年度は52.6%であった．都道府県別に見ると，最高で80.6%，最低で45.9%と，昨年度（最高で72.6%，最低で43.2%）よりも若干差が増加しており，地域間の格差が見られる．

- 児童生徒の ICT 活用を指導する能力（小項目 4 個）
  57.8% であり，昨年度は 56.3% であった．
- 情報モラルなどを指導する能力（小項目 4 個）
  65.1% であり，昨年度は 62.7% であった．
- 校務に ICT を活用する能力（小項目 2 個）
  65.6% であり，昨年度は 61.8% であった．
- 学校種別（小学校・中学校・高等学校）によるアンケート（上述した 5 つの能力）の小項目（全 18 個）毎の 4 段階評価値

　高等学校が 10 項目において最も高い結果となり，昨年度は小学校が 11 項目において最も高い結果であった．一方，昨年度 12 項目において最も低い結果であった中学校は，今年度も 13 項目において最も低い結果となった．以上より，全体として高等学校教員の ICT 活用能力が上がっていることが明らかになった．

（3）e-Learning の事例

　初等中等教育における e-Learning の事例について取り上げる．本来，e-Learning は，「学びたいときに」「いつでも」「どこでも」双方的なサポートのもとで学習できる環境という意味が含まれている．一方，現在の学校教育では，年間・月間・週間・日間の授業スケジュールに基づき，教室という特定の場所において学習することが前提となる．また，文部科学省では，初等中等教育において通学制（一部通信制もあるが，中学校で数校，高等学校でも十数校しかない）と学年制（高等学校では単位制を含む）を原則としている．この結果，e-Learning の特長を生かせる機会がほとんどないことになる．

　そこで，ここでは，不登校児童生徒のための教育の一環として e-Learning を取り込んだ教育事例について取り上げる．

1） 不登校児童生徒

　不登校とは，文字通り，ある任意の期間（1 日単位は「欠席」と呼ぶ），学校に登校しないことである．

　不登校児童生徒とは，学校に学籍がありながら長期欠席をしている児童生

徒である．その原因には，災害や風邪などの一時的なものから，疾患による病気，経済的理由，心理的問題，などいろいろなケースがあげられる．この中の心理的問題による長期欠席が，一般的に不登校児童生徒といわれている．なお，1998（平成 10）年以降の学校基本調査において「不登校」の区分が使われるようになった．

2） Eスクエア・アドバンス

教育の情報化を推進するために，初等中等教育でもさまざまな事業や活動が展開されてきた．具体的には，「100校プロジェクト」（1993〜1996年），「新100校プロジェクト」（1997〜1999年），「Eスクエア・プロジェクト」（1999〜2001年），「Eスクエア・アドバンス」（2002〜2004年），「Eスクエア・エボリューション」（2005年から）などがあげられる [21]．

ここでは，「Eスクエア・アドバンス」で取り上げられた不登校児童生徒のためのITを含めた教育支援について取り上げる [22) 23)]．

① 不登校傾向児童生徒へのITによる効果的支援（2003年度採択）

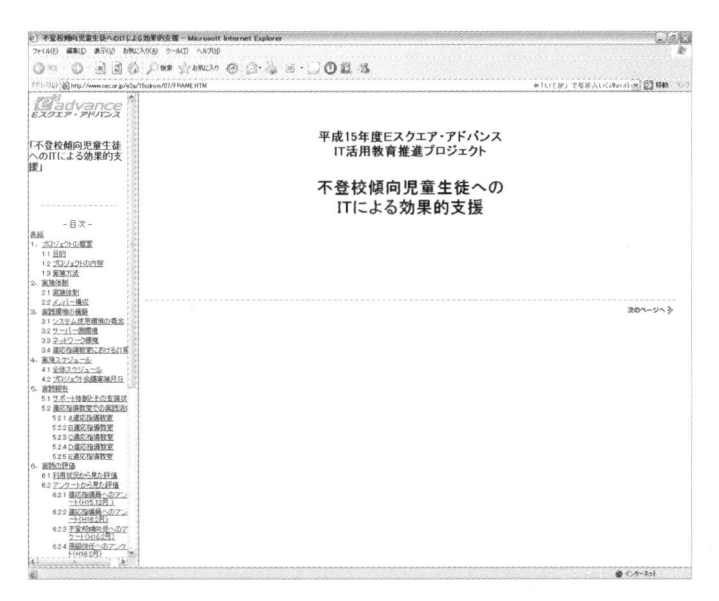

図4-1 eスクエア・アドバンス（平成15年度採択）
（提供：財団法人コンピュータ教育開発センター）

長野県長野市の小学校中学校を中心に，不登校傾向児童を対象にしたIT支援を前提とした教育実践のためのプロジェクトである．

　本プロジェクトのねらいとして，不登校気味の児童生徒と相対する要員（適応指導員と呼ぶ）・メンタルフレンド・ボランティア・教員（原級担任・教頭・校長）・保護者が，直接的に行うコミュニケーションだけでなく，複合的あるいは補完的にITを活用するときの有効性について，実践的に検証を行うことをあげている．

　商用ASPサービスである「Webで宿題」を利用し，不登校傾向児童生徒のコミュニケーションツールとしての使い方を中心に，その活用方法を調査する．その際に，適応指導教室（学校に近い場所にある教室，サテライトクラス）を用意し，そこを児童生徒および適応指導員が集う場として提供するという実施形態を取った．つまり，学校に行かない代わりに，この適応指導教室に随時参加することによって，学習活動を支援するという環境を用意したわけである．以上に関するシステム構成は，図4-2のようになる．

　e-LearningのLSSに関しては，導入システム「Webで宿題」のコミュニケーションツールとテレビ会議システムを併用した．コミュニケーションツールには，メール機能としての担任通信欄，掲示板機能としての会議室・フォーラム，システム内のホームページとしての学級新聞，予定機能としての予定表といったものが用意されている．これによって，児童生徒・適用指導員・メンタルフレンド・ボランティア・保護者・原級担任・教頭・校長間の相互コミュニケーションが図れることになり，チュータリングやメンタリングの活動を実現することができる．ただし，児童生徒同士のメールのやり取りは不可とした．

　e-LearningのLCMSに関しては，長野市のイントラネットで公開されている学習用ポータルサイト（小中学校の全教科目）や長野市インタラクティブ教材などを利用した．また，e-LearningのLMSに関しては，「Webで宿題」が提供する宿題作成登録機能（インターネットを介し先生が出した宿題を家庭で学習し，採点結果も即時に返送可能，学習状況の把握が可能）を用いた．

図4-2 システム構成

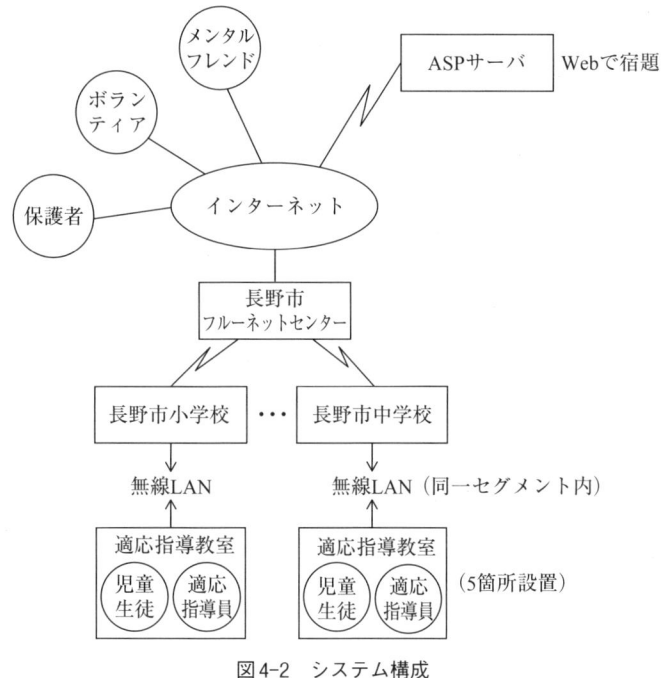

　以上の実践的活動の結果，不登校気味の児童生徒にとっては，「Webで宿題」によるコミュニケーションツールの活用に大きな効果が生じたことが明らかになった．児童生徒にとって，適応指導室あるいは自宅から，いつでも自由にメールや掲示板を通して，他の人（適応指導員・原級担任・メンタルフレンド・ボランティア）と話し合えることが，不登校に対するさまざまな精神的支援になったようである．この活動を通して，不登校から復学できた例もあった．また，通学制の同級生達と比較したときの自分の学習の遅れについては，e-Learningによる自学学習が効果的になったようである．

② 不登校・家庭学習支援—ホップ・ステップ・ジャンプ（2004年度採択）

　松原市では，2002年度から松原市不登校児童生徒総合支援会議を設置し，スクールカウンセラー，松原市教育支援センター（チャレンジルーム）の教育相談員・訪問指導員との連携などの活動を進めてきた．今回，フリーウェ

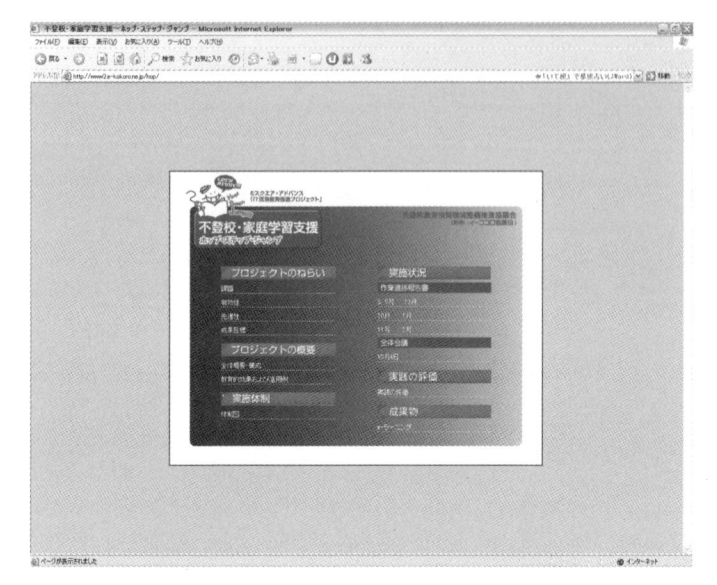

図4-3 eスクエア・アドバンス（平成16年度採択）
（提供：財団法人コンピュータ教育開発センター）

アをベースとしたe-Learningシステムを導入することによって，不登校児童生徒が教室に復帰できる機会を提供しようとするプロジェクトである．

　最初の段階としては，不登校で自宅にこもる児童生徒に対して，教育相談員によるe-mailによるコミュニケーション，および訪問指導員による自宅への訪問による直接的なコミュニケーションをとることで，チャレンジルームへの参加（HOP）を試みる．次の段階として，教育相談員のコミュニケーションを含めたフォローアップにより，チャレンジルームから学校の保健室・ホットスペースへ登校する（STEP）ことを試みる．そして，最終的な段階として，スクールカウンセラーや教職員のコミュニケーションを含めたフォローアップにより，普通教室に通う（JUMP）ことを試みる．

　また，不登校の間は，学習遅れのフォローアップや教室復帰のためのきっかけ作りとして，e-Learningを用いた自学自習学習，テレビ会議システムを用いたディジタルコンテンツ・授業ビデオ・遠隔授業による授業参加を実現する環境を新たに用意することになる．以上の関係を，図4-4に示す．

図4-4 システム構成

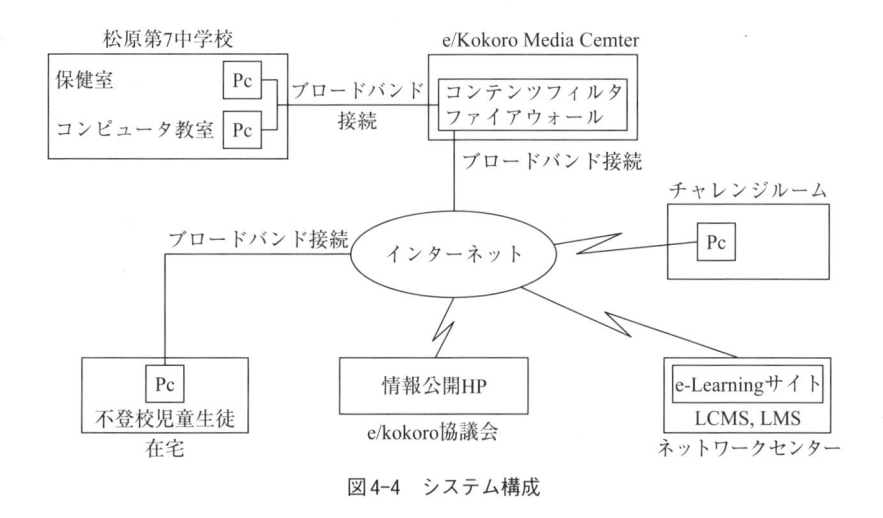

　e-Learningの学習支援教材には，授業ビデオとディジタルコンテンツが含まれる．これらは，ネットワークセンターのe-Learningサイトに登録し，ネットワークを経由して利用することができる．ビデオの制作には，キャプチャリングソフトとしてのAdobe Premiere Proの利用を前提に，ハードウェアシステムの動作環境を決定した．ディジタルコンテンツ（アイテム）の制作には，素材加工にはAdobe IllustratorやPhotoshopを，編集にはFlashを利用した．

　e-Learningソフトについては，UNIX互換サーバ上で動作するオープンソースのフリーソフトの利用を前提に，exCampus（開発元：独立行政法人大学共同利用機関メディア教育開発センター）を採用した．

　実践の結果，その期間中に教室復帰を果たした児童・生徒（対象者は8名）はいなかったが，いくつかの効果的な結果も生み出された．具体的には，

・学習支援教材の開発にあたって教科・単元の設定段階から教育委員会や学校現場の教員の意見を取り入れたことにより適切な教材が提供されることで在宅学習においても効果が高まったこと
・共通基盤制作ガイドライン（コンテンツの開発から利用までの一連の流れをまとめたもの）が作成され継続的な利用につながること

・リサイクルパソコンやフリーソフトなど低コストで機器環境を設定できること
・実践事例の収集により次年度以降の利用も可能になること

などがあげられた.

3. 高等教育での取り組み

ここでは，高等教育のe-Learningに対する取り組みの前提条件としての大学での単位認定とIT環境，そして，e-Learningの実態調査と事例について取り上げる.

(1) 大学での単位認定

一般に，大学の教育課程は，単位制で構成されている．単位制とは，授業科目を単位という学習時間数に対応させて取得していく方式である．その上で，学部学科毎に進級要件や卒業要件が決められていることが多い．これに対して，多くの高等学校（単位制高等学校以外）では，学年制を取り入れている．学年制とは，各学年での教育課程を終えることを繰り返す方式であり，単位を落とすと原級留置（留年）になる場合もある．

大学教育において，e-Learningを積極的に取り入れるかどうかは，この単位制度が大きく関わってくる．ここでは，単位と卒業要件について取り上げる[24].

1) 単位の扱い

大学では，1単位当たり45時間（月曜～金曜日まで8時間×5日間＝40時間，これに，土曜日5時間を加えた1週間分の労働時間に由来）の学習を必要とすることを標準としている．講義と演習の授業時間については，最大で予習に15時間あるいは復習に15時間を見込んでいることで，15～30時間の間とする．実験と実習および実技の授業時間については，学内の実習設備や機材を使えないことがあるため30～45時間の間とする.

実際の大学では，講義と演習について，週1コマを1.5時間とし，それを15週通して履修した上で，所定の課題や試験をクリアした者に対して2単位を与える．これを時間で計算すると，週1コマ1.5時間×15週＝22.5時間となる．これより，1単位分に換算すると11.25時間となり，上述した15時間から30時間までに満たないことになる．これには，15単位時間（あるいは，1.5時間を2時間とみなす）という解釈があると思われる．一方，実験と実習および実技については，同じ時間で15週通して履修した上で，所定の課題や試験をクリアした者に対して1単位（講義と演習の半分）を与える．

2） 大学の卒業要件

大学が定める卒業に必要な単位数は，124単位以上（短大は62単位以上，高等専門学校は167単位以上）となっている．

当初の大学設置基準では，通学制大学では遠隔授業を想定していなかった．その後，1998（平成10）年3月に改正され，大学の卒業要件として修得すべき単位のうち，30単位まで遠隔授業（あるいは，メディアを利用して行う授業）によって修得することが認められた．ただし，遠隔授業については，同時性・双方向性が保持された教室に準ずる部屋の受講が前提条件となっていた．1999（平成11）年3月の改正では，遠隔授業の単位数が30単位から60単位に拡大された．2001（平成13）年3月の改正では，遠隔授業において，同時性・双方向性がなくても，面接授業と同じレベルの教育効果が確保されればよいとなった．このように，1998（平成10）年以降，通学制大学においても，積極的に遠隔授業を採用することができるようになった．

一方，通信制大学においては，1998（平成10）年の大学設置基準の改正によって，「印刷教材等による授業」「放送授業」「面接授業」「メディアを利用して行う授業」を実施することになった．このうち「面接授業」については30単位以上とするが，その中の10単位までは「放送授業」あるいは「メディアを利用して行う授業」で振振り替えることができた．2001（平成13）年3月の改正では，30単位以上を「面接授業」あるいは「メディアを利用して行う授業」で修得してもよいこととなった．なお，30単位のうち10単位までは「放送授業」により修得した単位で振り替えてもよい．

以上によって，通信制大学では「メディアを利用して行う授業」だけで124単位すべてを修得することが可能になった．このことは，メディアを利用して行う授業を，通信衛星やネットワークなどを用いて実施できることを意味している．つまり，スクーリングを開催することなく，すべての授業をインターネット上で開講してもよいことになり，e-Learning が実施しやすい教育現場となったわけである．その結果，最近ではサイバー大学といったバーチャルユニバーシティが新しく設置されることになった．

(2) IT環境

　大学におけるIT環境は，小中高等学校よりも早い段階から精力的に整備拡充が進められてきた．これは，もともと情報処理に関する学部学科が昭和40年代以降続々と設立されたことから，そのための専門教育を実施するためにIT環境が整えられたことによる．また，文部科学省（旧文部省を含む）も，国公私立大学に対して，コンピュータおよびネットワーク環境の施設のための補助金交付を行ってきた．

　文部科学省では，「学術情報基盤実態調査（旧 大学図書館実態調査）」を2002年度から継続的に実施してきている．最新版は，2006年度として発表している[25]．その内容を，表4-5に示す．

　この中で，「学生数」と「学内LANに接続され，全学的な利用を目的としたパソコン台数」の各値から，単純計算で高等教育でのコンピュータ利用台数を求めると，

　　2005年度：3,061,448人÷918,659台＝3.33人／台
　　2006年度：3,038,411人÷609,965台＝4.98人／台

となる．これより，初等中等教育（2007年度で7.0人／台）に比べて，高等教育の方がコンピュータの設置率は高いことがわかる．なお，「学内LANに接続され全学的な利用を目的としたパソコン台数」が2005年度より2006年度の方が下回っている．これは，2005年度調査においては学内LANに接続されるすべてのパソコンについて集計したが，2006年度調査においてはコンピュータやネットワークの管理運営を行う主たる組織が，学内で共同利用する

表 4-5 学術情報基盤コンピュータおよびネットワーク編

区　分	会計年度	国立大学	公立大学	私立大学	合　計
大学数（校）	17年度	87	73	556	716
	18年度	87	76	571	734
学生数（人）	17年度	628,699	128,420	2,304,329	3,061,448
	18年度	629,182	129,617	2,279,612	3,038,411
情報戦略策定済み大学数（校）	17年度	52	25	364	411
	18年度	59	25	375	459
コンピュータやネットワークの管理運営の実務を行う組織の職員数（人）	17年度	1,653	532	4,925	7,110
	18年度	1,913	418	4,927	7,258
学内LANを有する大学数（校）	17年度	87	72	546	705
	18年度	87	76	563	726
無線LANを有する大学数（校）	17年度	23	12	124	159
	18年度	63	32	342	437
学内LANに接続され全学的な利用を目的としたパソコン台数（台）	17年度	360,360	49,534	508,765	918,659
	18年度	130,438	32,374	447,153	609,965
情報リテラシー教育実施大学数（校）	17年度	85	67	514	666
	18年度	84	69	527	680
遠隔教育実施大学数（校）	17年度	58	16	179	253
	18年度	61	18	180	259
セキュリティ対策実施済み大学数（校）	17年度	87	72	549	708
	18年度	87	76	566	729
全学的な学内認証基盤導入大学数（校）	17年度	39	39	360	438
	18年度	47	43	369	459
高速計算機設置数（台）	17年度	59	3	8	70
	18年度	82	3	13	98

ために設置しているパソコンについて集計しているためとなっている．

　また，調査項目に「高速計算機」とあるが，これについては科学技術計算用の高速計算機であり，最大理論性能が100GFLOPS以上のコンピュータを指している．その設置台数は，私立大学よりも国立大学の方が圧倒的に上回っている状況にある．これは，国立大学で多くの共同研究が多方面の分野にわたって行われており，その中で多様に高速計算機が利用されていることが考えられる．

　e-Learningと関連のある「遠隔教育実施大学数」については，さらに具体的

な調査結果「ネットワークを介した遠隔教育」(2005年度)が発表されている．それらをまとめると，表4-6のようになる．

これより，遠隔教育の利用率を，次のように比較してみると

国立大学：87校中，134校（内容の合計値）利用

公立大学：73校中，27校利用

私立大学：556校中，351校利用

となっている．これより，公私立大学より国立大学の方が積極的に活用していることがわかる．また，遠隔教育の内容については，単位付与を前提とした専門教育，そして，一般（教養）教育によく利用されていることがわかる．専門教育に関しては，バーチャルユニバーシティにおける専門課程での利用が考えられる．それと，専門課程における実験や実習授業での事前学習（設備機材や

表4-6 ネットワークを介した遠隔教育

(単位：校数)

項 目		国立大学	公立大学	私立大学	合 計
遠隔教育の内容	補習授業（リメディアル教育）	8	2	27	37
	補習授業（自主学習）	20	2	78	100
	一般（教養）教育（単位付与）	33	10	70	113
	一般（教養）教育（単位なし）	6	3	20	29
	専門教育（単位付与）	43	4	94	141
	専門教育（単位なし）	9	2	35	46
	その他（単位付与）	8	2	10	20
	その他（単位なし）	7	2	17	26
利用媒体	テキスト（文字情報，ただし電子メールを除く）	43	8	118	169
	画像（写真，図）	48	10	122	80
	映像（動画，ビデオ）	45	7	121	173
	ネットカメラ等を利用した双方向型	43	10	85	138
	電子メール	30	3	83	116
	電子掲示板（BBS）	25	4	57	86
	その他	7	1	11	19
受講者の満足度	調査実施有り	40	11	96	147
	調査実施無し	21	7	84	112

機器の操作習得) などが考えられる. いずれにせよ, 初等中等教育よりは, 積極的に遠隔教育が実施されていることがわかる.

(3) e-Learningの実態調査

高等教育における e-Learning 活用についての調査報告は, JUCE (Japan Universities association for Computer Education) や NIME (National Institute of Multimedia Education) などいくつかの組織や団体から発表されている.

前者の私立大学情報環境白書 (2005年度版) [26]では,「特色あるeラーニング実施モデルの紹介」において7大学のe-Learning教育(玉川大学・帝塚山大学・帝京大学・大阪電気通信大学・日本福祉大学・関西医科大学・青山学院大学)を,「教育での携帯電話活用モデルの紹介」において3大学(明治大学・大手前大学および短期大学・関西大学)を, それぞれモデルケースとして取り上げている.

後者の「eラーニング等のICTを活用した教育に関する調査報告書」[27]では,「2.5 eラーニング」において e-Learning 実施状況, 授業提供形態, 単位認定状況, 実施・単位認定授業分野, 単位互換状況等を,「2.7 ラーニング・マネジメント・システム」においてラーニング・マネジメント・システム利用状況, 理容している種類, 機能等をそれぞれ取り上げている.

調査にあたっては, 全国の国公私立大学・短期大学・高等専門学校を対象にアンケートを行った. その結果, 大学555件 (国立87件, 公立53件, 私立415件), 短期大学295件, 高等専門学校60件の合計910件の回答数となった. この中で, 大学の学部・研究科は合計1852件 (国立632件, 公立106件, 私立1114件) の回答数となった. また, e-Learningについては, ICT (コンピュータ+インターネット+モバイルターミナル) を用いて, 学習者が主体的に学習できる環境による学習形態とした. その際に, 面接指導とオンデマンド指導の違い (教員と学習者の距離) は問わないことを前提にした. なお, 次からは, 大学の学部・研究科における調査結果だけを取り上げる.

1) e-Learning の実施率

これについて，「実施している」が 39.1%，「実施していない」が 60.9% であった．その中でも，過去 5 年間の推移では，国立大学の実施率の伸びが高く，公立大学は逆に下がった．これより，e-Learning の実施については，初等中等教育より高等教育の方が圧倒的に多いといえる．この理由としては，通学制および通信制による遠隔授業の単位認定の有無があげられる．

ICT 活用教育を導入しているが e-Learning は実施していない理由としては，「学内で e-Learning に対する関心が薄い」が最も多くあげられた．これには，e-Learning に対する教育効果に疑問をもっていること，従来型の黒板とチョークを使った一斉授業こそが本来の教育であるという思い込みが強いこと，トップを含め全学レベルでの e-Learning に向けての取組みが進んでいないこと，などが考えられる．また，その他の意見で，コンテンツ作成支援体制の問題も多くあげられた．

2) e-Learning による授業提供形態

e-Learning を実施している学部・研究科に対して，授業の提供形態を調査した結果，上位の回答群は「対面授業と e-Learning のブレンド型の授業を行っている」が 76.4%，「自習用教材として提供している」が 65.5% と続いた．ブレンディングでは，対面授業による人間同士（教員対学生，学生対学生など）の相互コミュニケーションがうまく図れるとともに，e-Learning による効果的な自学自習を実現することが可能になる．

また，e-Learning そのものは，知識獲得を目的とした学習に適しているといえる．大学の授業では，ほとんどの専門分野の基礎科目群において，その分野の知識体系（BOK: Body of knowledge）を習得することが目標になることが多い．たとえば，情報工学の分野では，離散数学やコンピュータサイエンスの基礎理論（情報理論・グラフ理論・形式言語理論とオートマトン・プログラム理論・計算量理論など）の知識体系があげられる．これらについては，知識を暗記するだけではなく，個々の知識が扱っている意味づけやその解釈まで理解することが必要とされる．そのような基礎的な理論に関する学習には，e-Learning が向いているといえる．

3) e-Learningによる単位認定状況

これについては,「単位認定を行っている」が14.3%,「e-Learningを実施していない」が60.9%であった．それに,予定と検討を合わせても2割に満たない状況にある．①の結果よりe-Learningを実施している学部・研究科の半分程度しか単位認定が進んでいないことがわかる．従来からの大学における単位認定は,留学・飛び級・編入・他大学との単位互換といった特別な制度での適用が前提になっており,全体の中ではその取得対象の比率も少ない状況にある．このため,イレギュラーな取り扱いを前提としており,大学としてもe-Learningによる授業に対して単位認定をすることにはあまり積極的でないということが考えられる．

4) e-Learning実施分野とe-Learningによる単位認定を行っている授業の分野

これについては,上位の回答群として「人文学系」の「外国語学(言語学含む)」が411件,「総合・新領域系」の「コンピュータ(情報)リテラシー」が337件,「情報学」が283件と続いた．語学教育においてe-Learningを適用することは,理にかなっているといえる．なぜならば,語学の習得レベルには差があること,このため自学自習による反復練習といった個人学習に適していること,などの理由があるからである．また,コンピュータ(情報)リテラシーについても,操作主体による繰返し学習が展開されることも多く,個人による自学自習に適しているといえる．

また,e-Learningによる単位認定の今後については,「現状を維持する」が53.8%であった．これより,大学内における既存の制度として定着させることで,今後とも続けていくという意思表示が見いだせる．

5) e-Learningによる単位互換

単位互換とは,他大学で開講されている科目を履修して単位を取得することができる制度のことである．国内では,単科大学において近隣の他大学との連携のもとに実施することが多い．海外では,留学制度において適用されることが多い．大学設置基準では,e-Learningなどメディアを利用して行う授業を含め,外国の大学で履修することを認めている．また,外国の大学が提供するイ

ンターネットを使った授業をわが国で履修した場合，その単位を大学の判断により認定することも認めている．

これについては，「国内の他機関と行っている」が 2.9%，「海外の他機関と行っている」が 0.2% となった．これより，e-Learning を導入していても単位互換まで実施しているところは，まだ非常に少ないことがわかる．ただし，「国内の他機関と行っている」大学のうち，約 15% が「海外他機関との単位互換を予定・検討している」となっている．また，「海外との他機関と行っている」大学のうち，約 14% が「国内他機関との単位互換を予定・検討している」となっている．

6) LMS の利用状況

ここでの LMS は，e-Learning を運用する際の基盤となるシステムであり，学習者登録・学習履歴の管理・学習者の進捗管理・成績管理・学習支援機能・学習者と教授者とのコミュニケーション機能などを備えたものとしている．

これについては，大学が 34.7% であった．①の結果から見ても妥当な割合といえる．

7) 利用している LMS の種類

上位の回答群として，「独自開発システム」が 28.0%，「Moodle」が 20.2% と続いた．独自開発システムが最も多いということは，大学では学内に e-Learning に関する専門の組織を設置していることが考えられる．また，必修選択を含めたカリキュラム編成や履修登録の仕方が，大学の学部学科によってまちまちであることから，どうしてもオーダメイドにならざるを得ないことも考えられる．

Modle（ムードル）（Modular Object-Oriented Dynamic Learning Environment）は，GNU GPL（General Public License）のもとで配布されているオープンな LMS である．本体そのものは，PHP で開発されていることから，PHP が動作できる OS（UNIX, Linux, FreeBSD, Windows, Mac OS）で動かすことができる．提供する機能としては，次のようなものがある[28]．

・テスト作成および自動採点

テストの形式としては，多岐選択（選択肢）・記述（単語や短文）・数値

（有効数字を考慮して採点）・穴埋め・○×・組合せ・作文（これは自動採点外）といった問題を作成することができる．

・教材ページ作成と公開

htmlArea という JavaScript ベースの HTML エディタを使い，GUI のもとで Web ページを作成することができる．アップロードするファイル（Word 文書，Excel スプレッドシート，PowerPoint スライド，PDF 文書，ZIP 書庫，MP3 音源など）には，自動作成されるリンクに該当するアイコンが表示される．

・フォーラム

掲示板と同じ機能を持つ．

・課題

レポート提出機能である．ファイルのアップロードや文章の書き込みによって，解答を提出する．提出期限を設定できるとともに，未提出者一覧も表示できる．

8) 利用している LMS の機能

上位の回答群として，「学習管理機能」が 86.8%，「成績管理機能」が 81.2%，「レポート提出機能」が 78.7%，「掲示板やチャット等，学生同士のコミュニケーションの機能」が 70.2% と続いた．e-Learning システムとして最も利用度合いの高い機能が利用されていることがわかる．

(4) e-Learning の事例

ここでは，バーチャルユニバーシティとして代表的な2つの大学を事例として取り上げる[29) 30)]．

1) 八洲学園大学

八洲学園大学は，平成 16 年 4 月に開学された通信制大学であり，そのホームページのトップページには「我が国唯一，世界でも稀なインターネット・ライブ配信授業」といったキャッチコピーが表示されている．e-Learning に関しては，当大学の教育上の特色と位置づけ，e-Learning によって知識や技術を習得し，かつ，資質や能力養うことで，社会人としての基礎力をつけることとしている．

図4-5　八洲学園大学
(提供：八洲学園大学)

　学生は，4年から最大12年までの間に，124単位取得すれば卒業して学士号を得ることができる．ただし，124単位中，最低30単位はスクーリング履修を卒業要件としている．

　学習形態には，自学自習する通信授業（テキスト履修）と面接授業（スクーリング履修）がある．通信授業には，インターネットで出題される課題を繰り返して合格に達すると科目修得試験を受ける課題方式と，メールなどを用いて教員の指導を受けながら論文を執筆して提出する論文方式がある．いずれの場合も，学生は在宅学習を前提に，インターネットによって教員と学生のコミュニケーションを図りながら学習を進める．

　一方，面接授業は，教員と対面しながら受講するスクーリング方式である．その際に，遠隔地にいる学生に対しては，すべてインターネットを介して自宅で学習できる「メディアスクーリング」を用意している．

　上記のような学習環境を実現するために，当大学ではe-Learningシステム「ely」を提供している．「ely」では，支援センター・Study. jp for School・ロ

ビー・資料請求・入学手続き・憩いの場（チャット，掲示板）・コミュニティ（SNS）・図書館・ポータルといったリンクが用意されている．この中のStudy．jp for Schoolは，（株）デジタル・ナレッジのLMS製品であるKnowledge Universityおよびライブ授業配ツールLiveNow! をホスティングしているサービスである．これによって，教室・講師室・課題およびレポート・授業・学校事務局・コミュニケーションといった大学のすべての機能を，e-Learningで実現することができる．

サポート体制については，電話やFAXあるいは電子メールでの対応による学習支援センターを設置している．ここでは，

・学習に関するサポート：履修登録・授業の進め方・図書館の利用
・学習意欲維持に関するサポート：学生生活・資格取得・就職
・e-Learningに関するサポート：パソコンの設定・接続・操作

などが展開されている．この中の学習意欲維持については，チュータリングやメンタリングといった学習支援に対応しているといえる．

2） サイバー大学

サイバー大学は，2007（平成19）年4月に開学されたわが国で初めてすべての授業をインターネットにより行う通信制大学である．このため，スクーリングも必要なくなり，一度も大学に通学することなく学士号を得ることができる．このことから，1）で取り上げた八洲学園大学（最低30単位は，スクリーング履修）よりも一歩進んだ完全な通信制大学ということができる．

インターネットを活用したオンデマンド方式の授業であることから，ブロードバンド環境に接続できるパソコンさえあれば，いつでも（タイムフリー）・どこでも（ロケーションフリー）・誰でも（エイジフリー）・身体的な制約もなく（バリアフリー）授業を受けることができる．

インターネットによる通信制大学であることから，次のようなサポートセンターを用意している．

・授業サポート：授業内容に関する相談を含めて，メンターが担当教員と連携を取りながら対応する（メンター制度の採用）．
・学生サポート：学生生活に関するさまざまな相談（履修相談・進路相談・

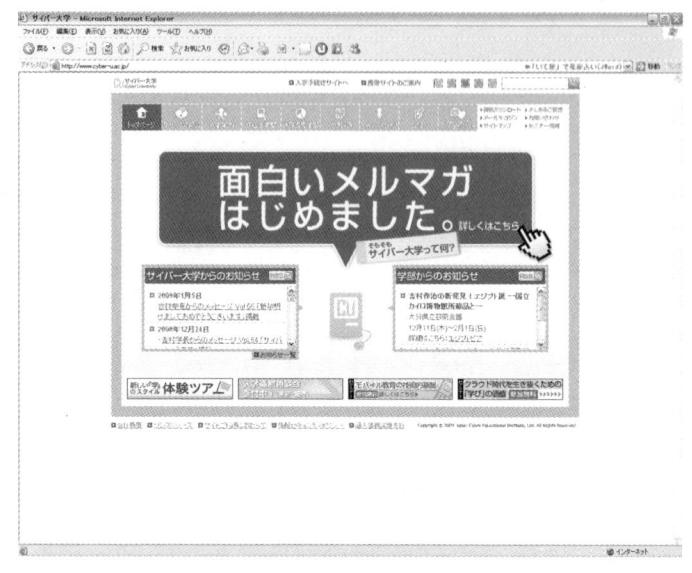

図4-6　サイバー大学
(提供：日本サイバー教育研究所)

悩み相談など)に対応する．
・システムサポート(ヘルプデスク)：授業受講のときのネットワーク接続やパソコン操作に関する質問や何らかの障害に応じる．

　また，完全なサイバーキャンパスであることから，電子メール・BBS・ショートメッセージ・SNSといったさまざまなコミュニケーションツールを用意している．これらのツールを用いて，担当教員・学生(通常の高卒からの学生，社会人)・メンタそれぞれの相互コミュニケーションを頻繁に行うことができる．その際に，学生層が多種多彩におよぶ(通常の高卒者，サラリーマン，主婦，現役引退者など)ことから，コミュニケーション自体が幅広く展開されることが特徴といえる．

　授業コンテンツの制作工程には，全面的にインストラクショナルデザインを採用しており，質の高い授業が受講できるようになっている．

4. 企業内教育での取り組み

ここでは，企業内教育の実情や企業の情報化，そして，e-Learning の実態調査と事例について取り上げる．

(1) 企業内教育の実情

企業内教育とは，企業が従業員に対して実施する教育のことである．学校教育と異なる点として，教育の実施にあたって外部からの制約（学習指導要領や大学設置基準など）はまったくなく，企業の経営方針に基づき独自に教育体系を設定することができる．それだけでなく，教育にかかる費用は，個人ではなく，企業が教育訓練費として負担することが前提になっている．

企業内教育は，コンピテンシーを含め人事考課と関連づけられることが多い．コンピテンシー（competency）とは，業績の優れた社員の行動特性のことを意味しており，その行動特性を人事評価の基準として従業員を評価することで，社員の質的向上を図ることを目的とする．

1) 企業内教育の種類

企業内教育には，次に取り上げるようにいくつかの種類がある．

① Off-JT（Off the Job Training）

職場あるいは業務を離れて行う教育訓練である．たとえば，階層別研修として，新入社員研修や管理者教育などがあげられる．いずれも，講習会という形で実施されることが多い．

② OJT（On the Job Training）

職場かつ業務の中で行われる職業指導のための教育訓練である．職場の上司や先輩などが被訓練者に対して，仕事を通じて，業務に必要な知識・技術・技能・態度などについて指導する活動である．

③ 階層別教育

企業内の人事考課において同程度のレベルにある社員を集めて実施する教育訓練である．これには，新入社員研修や管理者研修などがあげられる．

④　職能別研修

　企業内において同じような職能を持つ社員を集めて行う教育訓練である．

⑤　自己啓発

　社員自らの動機づけと意思に基づいて行われる教育訓練である．資格や検定を取得するための自己学習が中心となり，基本的には職場および業務外を前提とする．企業によっては，社員が取得した資格や検定を人事考課の一端として職位や給与に反映させる場合もある．

2）　企業内教育の実施形態

企業内教育の実施方法には，次に取り上げるようにいくつかの形態がある．

①　講習会

　通常は，対象となる社員を一か所に集めて，一斉に授業を行う場合が多い．このため，講習会に派遣される社員に対して，交通費や宿泊費といった経費が生じるとともに，その間業務は実施されないことになる．

　取り上げる内容については，企業独自で策定したカリキュラムに基づいて実施される場合と，外部の研修機関にすべて委託する形で実施される場合がある．これにともない，開催場所は，社内だけでなく社外（研修センターなど）の場合もある．また，講師は，教育部門を持つような規模の大きな企業では専門の社員が，それ以外では外部に委託したインストラクタが，それぞれ担当することになる．

　従来から多くの企業で行われてきた外部研修としての公開講座に，日本産業訓練協会が開催するTWI研修・MTP研修・接遇教育がある．TWI（Training Within Industry for supervisors）研修は，職場で監督者となる社員を対象にしたものである．MTP（Management Training Program）研修は，TWI研修の社員よりも職位の高い社員を対象にした管理者養成プログラムである．接遇教育は，接客業務を担当する社員の接客に対するスキルを養成するための研修である．

②　通信教育

　郵便やITを通信手段とした自学自習形式の個別学習を前提とする．郵送（一部FAX）の場合は，テキストが配本され，レポートやテストを返送する

という学習形態が一般的である．情報通信の場合は，まさしく e-Learning そのものであり，ネットに接続されたパソコンで学習が行える．

以前は郵送による通信教育が主流であったが，最近では電子媒体を利用した通信教育が普及してきている．たとえば，語学スクールの会話コースでは，インターネットレッスンといったサービスを提供しており，インターネット（ただし，ブロードバント接続が条件），パソコン，マイク付きヘッドフォンを用意することで個人・グループレッスンが受講できるようになっている．また，ライティングコースでは，文書の添削をすべて電子メールで行うところもある．

（2） 企業の情報化

企業の情報化は，情報通信技術の進展に伴って変遷してきたといえる．ここでは，企業活動の変化とインターネットの普及による電子化という観点から取り上げる．

1） 企業活動の変化

企業の情報化は，企業活動にコンピュータを導入したことによって始まったといえる．当初はメインフレームコンピュータによる集中処理が中心であったが，その後，オフィスコンピュータ・ミニコンピュータ・パーソナルコンピュータが普及するとともに，企業内外でネットワーク（LAN）が整備されることによって，これらのコンピュータ同士を相互接続したことによる分散処理が主流になった．これによって，ダウンサイジングの時代となった．また，インターネットが商用化されたことで，企業活動にも大きな変化が表れてきた．それらをまとめると，図4-3のようになる．

① EDPS（Electronic Data Processing System）

企業活動における業務の一部分をコンピュータにより処理するためだけのシステムである．当時はメインフレームによるバッチ処理が中心であったが，その後徐々にオンライン処理に移行された．

② MIS（Management Information System）

EDPS は企業の経営活動まで支援できなかったが，コンピュータ利用に

100

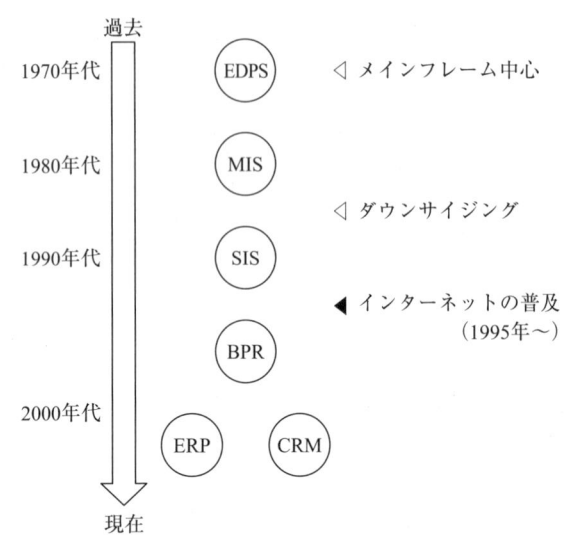

```
過去
1970年代    (EDPS)    ◁ メインフレーム中心

1980年代    (MIS)
                      ◁ ダウンサイジング
1990年代    (SIS)
                      ◀ インターネットの普及
                         （1995年～）
            (BPR)

2000年代  (ERP) (CRM)

現在
```

図4-7　企業活動の変遷

よって企業経営を効率よく運営するための情報システムが構築されるようになった．

③　SIS（Strategic users of Information Systems）

　各業界において企業間競争が激化する中で，同業他社に対して優位性を見いだすために，企業の競争戦略を支援するための情報システムが構築されるようになった．

④　BPR（Business Process Re-engineering）

　ビジネスプロセス・リエンジニアリングのことであり，企業活動や業務プロセスを根本的に見直し最適化することで，顧客に対する価値を生み出すための改革手法でありこれに基づき情報システムを再構築するようになった．

⑤　ERP（Enterprise Resource Planning）

　企業資源計画のことであり，企業内の多くのビジネス活動（企画・設計・製造・販売・経理・在庫管理・人事管理など）のコントロールを支援する統合業務パッケージである．なお，企業外の顧客については，CRMで対応す

ることになる．

⑥　CRM（Customer Relationship Management）

　顧客関係管理のことであり，消費者の個別ニーズに合わせた顧客満足度を向上させるための経営コンセプトを実現するための管理手法である．バックオフィスシステムと呼ばれるERPとは対照的に，CRMはフロントオフィスシステムと呼ばれる．

2)　企業活動の電子化

1994（平成6）年からインターネットの商用化が始まったことによって，その後インターネットがビジネス業界においても爆発的に普及することになった．それに合わせて，企業活動のあり方にも大きな変革が生じてきた．それは，企業におけるビジネス活動の電子化である．

1990年代終わりに，IBM社がe-businessというマーケティング用語を提唱した．e-businessは，インターネットあるいはイントラネットを利用したビジネスの新しい形態のことである．これ以降，"e-"が先頭についた造語がブームになった．具体的には，次のようなものがあげられる．

①　e-Commerce

　電子商取引のことであり，電子的な情報に基づいて顧客や他の企業と商品やサービスを売買することである．当初は企業間取引としてのB（Business）to B（Business）での利用が中心であったが，最近では企業対消費者間取引としてのB（Business）to C（Consumer）やインターネットオクションのような消費者間取引としてのC（Consumer）to C（Consumer）などにも利用されている．

②　e-Money

　電子マネーのことであり，ICTを利用した新しい決済サービスである．インターネット上での決済は，仮想マネーサービスと呼ぶ．また，非接触型決済による電子マネーサービスとしてICカード技術を用いた決済手段も登場している．これに関連して，オンラインショッピングにおける電子決済（electronic payment）や，インターネットを介した銀行取引サービスであるインターネットバンキング（internet banking）や携帯電話を利用したモバイ

ルバンキング（mobile banking）などもある．

③　e-Mall

電子商店街（サイバーモール・電子モール・オンラインモール）のことであり，インターネット上で複数の電子商店をまとめていろいろな商品を販売するWebサイトである．大規模なものとして，楽天市場（楽天）やヤフーショッピング（Yahoo! JAPAN）などがある．

（3）e-Learningの実態調査

企業におけるe-Learningの活用動向についての調査は，「eラーニング白書」の中に含まれているアンケート結果として記載されており，2001（平成13）年から8年間継続的に実施されている．ここでは，その最新版のeラーニング白書「eラーニングユーザ調査［企業］」の概要について取り上げる[31]．

今回の調査では，従業員規模が300人未満の企業（対象は東京証券取引所2分の1部）と300人以上の企業がほぼ半々となるように実施した．なお，ここでは，人事・研修担当向けだけの調査結果を取り上げることにする．

1）企業におけるe-Learning導入概況

研修の形態としてOJTやOff-JTを重視している企業は85%に及ぶことから，多くの企業では何らかの研修を実施していることがわかる．

①　導入率

e-Learningによる研修については，「導入している」と「導入を検討している」を合わせると約5割となった．また，導入後の経過年数は，「2〜3年」と「4〜5年」を合わせると約7割となった．これより，この数年間で，企業でのe-Learningの導入は着々と進んでいることがわかる．

従業員規模別のe-Learning導入比率は，「5,000人以上」が最も多く，「300人未満」は最も少なかった．これより，大手企業ほどe-Learningの導入に積極的である一方，300人未満の中小企業では教育予算に余裕がないせいか消極的になっている．また，業種別では，「情報サービス業」と「その他の情報通信業」が最も多かった．これらは，いずれもIT関連の業種であることから，e-Learningそのものの動向にも関心が高いといえる．

② 企業の研修費（総額）

　これについては，増加予定の方が減少予定を上回った．現状維持を加え，e-Learning 費用が増えることが予定されることから，e-Learning による教育環境の整備（教材開発，付加サービスの提供など）が進められる可能性が高い．

③ 研修の対象と内容

　これについては，部門別よりも全社の方が多く，研修の内容は汎用的な知識（語学やコンプライアンスなど）が最も多かった．これより，e-Learning による研修では，全社レベルでの汎用的知識の習得を第一優先にしていることがわかる．

④ 実施分野

　これについては，「ビジネス（経理・法律・金融・不動産など）」「IT・コンピュータ」が高かった．これらは，いずれも専門的な知識が要求されることが分野であり，また，専門分野の知識体系も確立されているのでコンテンツも豊富に提供できることが考えられる．

⑤ 業務の位置づけ

　e-Learning で学習している時間を「業務とみなす」と「内容によっては許容」を合わせると約 8 割強となることから，多くの企業では e-Learning による個別学習も業務の一環とみなすことがわかった．これは，e-Learning の LMS による学習管理機能により社員個々人の学習時間が把握できるので就業時間と切り分けができること，社内イントラネットでの利用に制限していること，などが考えられる．

⑥ 受講者比率

　これについては，「社員全員」が約 3 割と最も多く，その次が「20% 未満」と続くことから，企業によってまちまちの状況にあることがわかる．

2）e-Learning の開発・運用の状況

ここでは，導入した e-Learning システムの開発と運用に関する状況について調査した．

① 開発と運用

これについては，「開発も運用も外部業者」「開発は外部業者，運用は自社」「開発は自社，運用は外部業者」を合わせると6割強になった．一方，「開発と運用は自社」は3割弱であり，圧倒的に外部業者に委託していることがわかる．

② コンテンツの作成

これについては，「外部委託」が約2割に対して，何らかの形で自社対応が約7割強であることから，オーダメイドコンテンツが主流になりつつある．これは，社内独自コンテンツを作成しなければならないこと，オーサリングツールにより簡単にコンテンツが作成できるようになったこと，などが考えられる．

3） e-Learningの導入目的・重視事項・課題

① 導入目的

これについては，「研修の効率化」が最も高かった．効率化については，研修期間の短縮，受講場所の自由さ，コスト削減といったことに焦点をあてている．また，e-Learningを導入していない企業において，今後の導入のきっかけとしては，「コストが下がること」が最も多かった．

② 導入時の重視事項

これについては，「研修目的に合ったコンテンツが選べるか」が最も高く「学習単位当たりのコストが削減すること」が続いた．これより，e-Learningの選択には，コンテンツの豊富さやコスト面が優先されることがわかる．

③ 導入時の課題と運用上の問題

これについては，「社員のe-Learningの意義・必要性に対する理解が不足」が最も高かった．また，これに関連して，e-Learning運用上の問題については，「意義・必要性に対する理解が不足し，受講率，完了率があがらない」が最も高かった．このことから，e-Learningの導入・運用については，経営トップによる先導的な推進アプローチの実施や，社内での継続的な啓蒙活動の実施といったことが考えられる．また，e-Learningによる学習成果を，社内のキャリアパスや人事考課に反映させるような枠組みを提供することも

考えられる．

4）企業戦略とe-Learningの関係

これについては，「自社の人材戦略にe-Learningを組み込んでいる」が半分強であった．「検討中」を含めると約7割となり，企業としての人材育成の手段としてe-Learningを効果的に利用するという姿勢が見いだせる．また，「e-Learningを人事システムと連携している」は約4割であり，企業内教育と人事考課の関連性は今後増えるといえる．

5）e-Learningの評価・有効活用

企業内教育を評価するためのモデルは，もともとカーク・パトリック（Kirk Partrick）によって1959年に提唱された．カート・パトリックモデルは，教育の評価を4つの評価要素（レベル）に分けて行うものであり，第1レベル「反応（reaction）」では受講者が受けた印象や好意の程度を評価する，第2レベルでは「学習（learning）」では研修の教育目標に対する理解度を測定することで評価する，第3レベル「行動（action）」ではどの程度仕事ができるようになったか（つまり，行動の変容）を評価する，第4レベル「業績（results）」では職場における受講者の業績を評価する，といった活動を行う．評価活動の時期は，第1・2レベルは研修中に，第3・4レベルは研修後の現場において，それぞれ実施するものとしている．

① 評価と有効活用

評価の実施状況と効果については，「研修の効率化（期間短縮，受講場所が自由）」が最も多く「研修の効率化（コスト削減）」が続いた．これは，3）の①と同じ結果となった．

② 満足度

これについては，「満足している」と「やや満足している」を合わせると約7割強となり，企業の教育ニーズに合ったe-Learningが展開されていることがわかる．

③ 評価実施状況

これについては，e-Learningの評価を実施しているが約8割におよび，ほとんどの企業で行われていることがわかる．その内容については，「理解度

テスト」「学習者への研修直後のアンケート」の順になっている．理解度テストは，本来，受講者個々人の研修内容に対する知識定着度を図るものではあるが，全体として見た場合，その研修の教育内容（教授展開，教授法，テキスト・資料の構成）の良し悪しを測定するための手段ともなり得る．

④ 有効活用方策

これについては，「業務に直結する学習分野の提供」が最も多かった．これより，より実務的な内容を重視していることがわかる．

（4）e-Learning の事例

企業における e-Learning 導入の事例は，すでに数多く発表されている．このことからも，それぞれの企業活動の特質に合わせて e-Learning が導入され活用されていることがわかる．ここでは，大手企業 2 社の事例を取り上げる[32)][33)][34)]．

1） 株式会社東芝

東芝では，グループ各社を合わせた全社レベルでの社内教育を実施してきた．これは，目的別教育であり，全社員を対象とした遵守教育・基本教育（基礎知識・業務知識の理解を目的に）・アドバンス教育（専門技術・応用技術の習得を目的に）などを展開している．

その中の遵守教育において，e-Learning を適用している．具体的には，2001（平成 13）年から個人情報保護プログラム教育・情報セキュリティ教育・輸出管理教育・環境教育を，2003（平成 15）年までに著作権教育・管理者教育・営業職向け遵法教育をそれぞれ提供している．

LMS には，東芝ソリューション㈱が開発した e-Learning パッケージ製品である Geaeralist®/LM を利用している．Geaeralist®/LM では，東芝グループ 10 万人の受講者がストレスを感じないスムーズな受講環境を簡易なサーバ環境で実現するとともに，受講者数・管理者数に縛られないサーバライセンスを提供する．また，グループ管理機能により多様な管理体系を柔軟に実現することができ，個人情報保護機能により不正ログインの防止・漏えい事故の防止・アクセス監査の強化にも対応することができる．

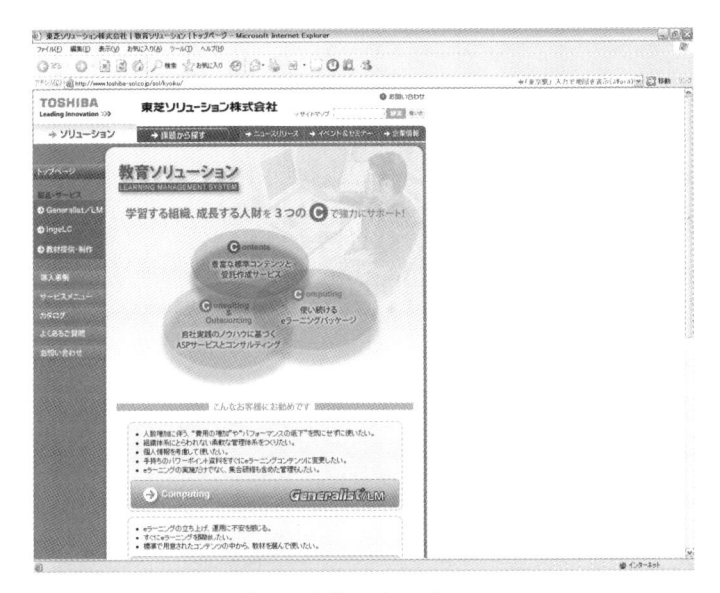

第4章 e-Learning の取り組み　107

図4-8　東芝ソリューション
(提供：東芝ソリューション)

Geaeralist®/LM の提供する機能を，対象者別に列挙すると次のようになる．
① 管理者向け
　組織・受講者の一括登録，組織管理機能，グループ管理機能，受講管理機能，フォローメール機能，権限メニュー管理機能，セミナー管理機能，問題解析抽出機能など
② 受講者向け
　MyHome（受講対象コース一覧の表示機能），ブックマーク機能（中断したページからの再開が可能），BBS 機能（講師と受講者の「マンツーマン掲示板」，「講師と受講者全員の掲示板」）
③ 教材作成者向け
　PowerPoint 取り込み機能（作成したスライドをオーサリングツールにより e-Learning コンテンツに変換が可能），テスト問題作成機能（回答方式には択一選択・○×方式・複数選択・穴埋め方式あり，修了テストでは時間制限設定可能ができるとともに自由記述問題も作成可能），アンケート機能

(質問方式についてはラジオボタンかプルダウンによる択一，複数選択，記述式が可能)

以上より，LMSとしての基本的な機能は，すべて網羅しているといえる．一方，企業内教育におけるe-Learningの活用が前提であることから，受講者自身の学習意欲は高いことになるので，チュータリングやメンタリングに関するサポートはそれほど必要ないといえる．

実際の実施においては，ASP (Application Service Provider) としての東芝ソリューションが提供するingeLC®を利用する．これは，Geaeralist®/LMのアウトソーシングサービスであり，インターネット環境さえあれば簡単に利用できる．それとともに，ヘルプデスクによる受講者対応の負荷軽減や，標準コンテンツ (たとえば，コンプライアンス・ビジネス・マネジメント・IT・語学など) 提供による教材利用などのサービスを受けることができる．

以上のGeaeralist®/LMによるe-Learningの実施結果として，パソコンが配備されていない部門もありながら全社で9割程度の受講率に達していること，全員が業務に支障をきたすことなく受講できていること，各部門における教育期間の短縮が実現できたこと，研修実施や管理における手間が削減されたこと，教育の均質化が図れたこと，などの効果が表れたということである．

2) 日本電気株式会社

日本電気における社内教育は，e-Learningが主流になっている．その発端は，2001 (平成13) 年に，環境ISO (ISO14001) 認証未登録の支社・支店の営業部門を組み込むという全国規模の営業要員向け教育の実施であった．その際に，集合教育による一斉研修はほぼ無理 (時間的な制約，コスト増加) であったことから，e-Learningの採用に踏み切ったわけである．

e-Learningのプラットホームには，自社開発のCultiva® (Cultivator on the Internet/Intranet Virtual Academy) を採択し，その上に教育コンテンツを展開している．また，日本電気では，マルチメディア学習ソフト・ネットワーク型学習システム・通信教育などによる遠隔教育サービスをハイパーカレッジと称している．

LMSとしてのCultivaには，次のような機能がある．

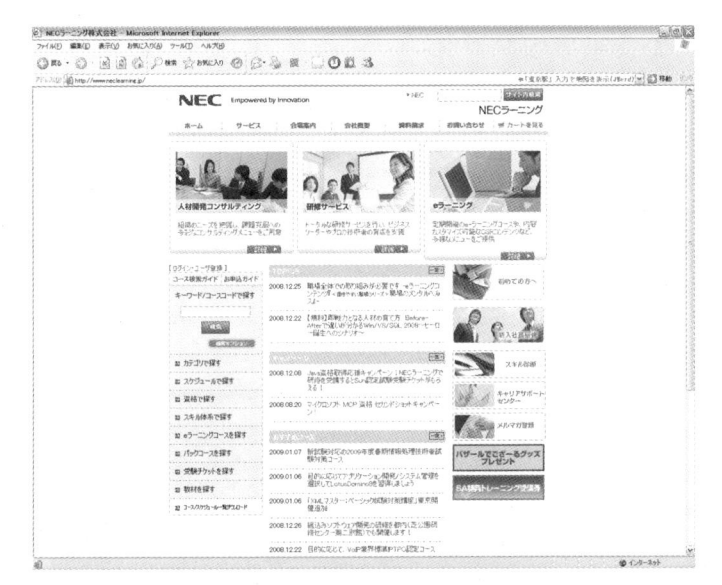

第 4 章 e-Learning の取り組み　109

図4-9　NECラーニング
(提供：NEC)

① 学習機能

受講者はサーバ上の最新のマルチメディア学習コンテンツの利用が可能

② テスト機能

コースや単元終了時に実施可能，設問内容や難易度に応じた出題が可能，解説やヒントを戻し再学習も可能

③ 学習管理機能

個人別受講状況の確認，受講者へのアドバイス，人材育成計画に利用可能

④ コミュニケーション機能

FAQ（講師と受講者間）の表示，掲示板（講師，講師と受講者，受講者同士）を提供

⑤ コース運用機能

コース開設に伴う作業（コース情報・スケジュール・学習コンテンツ・テスト問題・受講対象者などの登録）を支援

以上より，Cultiva についても，LMS としての基本的な機能はすべて網羅されていることがわかる．

　NEC ラーニング（株）では，Cultiva を利用した e-Learning サービスとして，Cultiva ASP と Cultiva Global を提供している．前者は，数千人規模の e-Learning サービスである．後者は，数万人規模の一斉教育や他言語での教育など，大規模かつグローバル対応が可能な SaaS（Software as a Service）型の e-Learning サービスである．

　上記の環境向け e-Learning は，Cultiva ASP を利用し，受講者がイントラネットを介して管理サーバにアクセスするという形をとった．教材コンテンツについては，環境問題に関する一般的知識，法規制の動向，ISO14001 の知識，NEC の環境マネジメント活動，営業活動に必要となる環境対応などを独自に開発した．

　実施結果としては，全受講者へのアンケートにより環境マネジメント教育の理解が 95% に及んだこと，約 7 割が e-Learning に対して好意的であったこと，約 1 億円の研修経費の節減になったこと，環境教育の成果として社内の CO_2 排出量が大幅削減したことなどがあげられた．

5. 生涯教育での取り組み

　生涯教育（生涯学習）とは，学校を卒業して社会へ出てからも，生涯にわたって受ける教育（学習）のことである．類似の言葉に，リカレント教育やリフレッシュ教育，あるいは，社会教育などがある．リカレント教育はより高度で専門的で体系的な社会人のための再教育，リフレッシュ教育は高等教育機関がリカレント教育の一環として職業人に提供する教育，社会教育は学校や家庭を除いた社会において実施される教育という意味である．ここでは，生涯教育における審議会の活動と，生涯教育の情報化，IT 環境，e-Learning の実態調査と事例について取り上げる．

（1）審議会の活動

　生涯教育（lifelong learning）という言葉は，1965年にユネスコのポール・ラングラン（Paul Lengrand）が最初に提唱したといわれている．人が生涯（子ども〜老人まで）にわたって学習の活動を続けていくことを目指すとともに，学校教育だけでなく成人が主体的に学習する活動全般も含むことを前提としている．

　わが国では，1971（昭和46）年に，社会教育審議会から「急激な社会構造の変化に対処する社会教育のあり方について」という答申が出された．この中で，教育に対する要求が高度化かつ多様化してきたことから，生涯教育という視点にたって，家庭教育・学校教育・社会教育を見直す必要性を指摘した．これによって，生涯教育という問題が新たに提起されるきっかけになった．

　1981（昭和56）年には，中央教育審議会から「生涯教育について」という答申が出された．この中で，学習は各人が自発的意思に基づき行うことを基本とするものであり，必要に応じて自己に適した手段・方法を自ら選んで，生涯を通じて行うものとして，生涯学習を意味づけた．これによって，国民が生涯を通じて学習し続ける社会を目指すことを提言し，わが国における生涯教育の概念が確立された．

　1985（昭和60）年から始まった臨時教育審議会の1〜4次に及ぶ答申の中でも，教育体系の総合的な再編成を図ることにより生涯学習体系への移行を促進することが提言された．

　1988（昭和63）年には，文部省は社会教育局を廃止し，生涯学習局を設置した．1990（平成2）年には，中央教育審議会の「生涯学習の基盤について」の答申に基づき，「生涯学習の振興のための施策の推進体制等の整備に関する法律」が制定されるとともに，生涯学習審議会が発足した．

　1992（平成4）年には，生涯学習審議会から「今後の社会の動向に対応した生涯学習の振興方策について」という答申が出された．この中で，人びとが，生涯いつでも自由に学習機会を選択して学ぶことができ，その成果が適切に評価されるという理念が示された．また，「地域における生涯学習機会の充実方策について」（1996年）の答申の中で社会教育施設の充実が，「社会の変化に対応

した今後の社会教育行政の在り方について」(1998年)の答申の中で地方公共団体の自主性を一層生かした社会教育行政のあり方が,それぞれ提言された.

その後も,生涯学習審議会からいくつもの生涯教育に関する答申が出されるとともに,各地の地方自治体でも生涯教育施設間の連携を構築するに至った.なお,生涯学習審議会は,2001(平成13)年1月以降,中央教育審議会の生涯学習分科会に再編された.

(2) 生涯教育の情報化

生涯教育の情報化を積極的に推進するきっかけに,2000(平成12)年に生涯学習審議会が答申した「新しい情報通信技術を活用した生涯学習の推進方策について」での提言があげられる.この中の「Ⅲ 当面推進すべき施策」において,いくつか具体的な提言が示されている[35].

1) 情報リテラシーを身につけるための学習機会や研修体制の整備

ここでは,情報リテラシーを身につけるための学習機会が不足がちな社会人,高齢者や女性などに対して,生涯学習関連施設において,情報リテラシーに関する講座を積極的に開設していくこと,地方公共団体が自主的に行う講習会の開催を支援することが示された.

また,生涯学習行政に携わる職員などの情報リテラシーに関する研修体制を整備・構築すること,都道府県や市町村において生涯学習センターなどの中心的な生涯学習関連施設を情報リテラシーに関する研修拠点として活用し,研修機会を増やすこと,社会教育主事の資格取得のための「社会教育主事講習」において情報リテラシーを身につけるためのプログラムを組み入れること,などについて提言した.

情報ボランティアの活動を促進するために,人材の登録を促進し,それらの情報を公開するとともに,情報リテラシーに関する講座を多く設け,情報ボランティアの養成を図る必要があるとした.

2) 生涯学習関連施設の情報化の推進

生涯学習における情報化を推進するためには,公民館・図書館・博物館や大学などの生涯学習関連施設において情報機器,インターネットへの接続など

ネットワーク環境を飛躍的に整備し，すべての施設で自由に情報機器を使用できるようにすることが必要であるとした．

3） インターネット利用環境の整備について

ここでは，家庭や生涯学習関連施設などにおいて生涯学習に取り組んでいくためには，インターネットなどを利用することが有効であり，そのための環境整備が重要であるとし，インターネットの通信料金にかかる定額料金の低廉化を図ることを提言した．

4） 生涯学習用の教材などの情報の開発の必要性

マルチメディア対応の情報通信技術を活用することにより，映像や音声を用い，五感を通して体験的に学習効果を高めることができるようになる．そのための教材研究を，国立教育研究所やメディア教育開発センターなどにおいて説教的に取り組み必要があるとした．

5） 学習機会に関するデータベースの整備

都道府県や市町村が共同で，生涯学習関連施設で開設している学級・講座などさまざまな学習機会に関する情報やボランティアに関する情報，あるいは，民間教育事業者が開設している講座などについて，効率的にデータベース化し，常に最新の情報を提供している環境を整備する必要があるとした．

6） 大学等の公開講座を公民館等を通じて広く全国に提供するシステムの構築

ここでは，大学等（大学・短大・高専・専修学校）での公開講座を，情報通信技術を活用して，同時送信方式かオン・デマンド方式により，全国規模で提供していく必要があるとした．その際に，公民館等を活用した集合学習方式を前提とした衛星通信の利用や，自宅での個人学習を前提としたインターネットの利用をあげた．

7） 大学院レベルの学習機会の充実

今後社会人には，より高度な知識や技術が求めれることから，学校教育修了後も引き続き学び続けることが必要不可欠であり，社会人に対するリカレント教育を推進するなど，高度な学習機会の充実が必要であるとした．そのために，1999年度に制度化された通信制大学院修士課程が社会人の学習の場とし

て活用されることが求められるとともに、将来的には博士課程の開設も検討する必要があるとした.

8) 放送大学の拡充

放送大学は、広く社会人等を受け入れている高等教育機関であり、生涯学習における中核的な役割を担っている.放送大学でも、大学院修士課程の開設や、インターネットやテレビ会議システムの活用などキャンパスネットワークシステムの構築を計画している.

(3) IT環境

生涯教育に関するIT環境の利用場所については、公的機関および家庭がおもな対象になるといえる.

1) 公的機関のIT環境

公的機関としては、公民館・図書館・博物館・それぞれの類似施設があげられる.これについては、表4-7のような社会教育調査のデータがある[36].

これより、コンピュータの設置状況が最も高いところは、図書館、続いて、博物館であることがわかる.一方、公民館はまだ半分強の状況にあり、今後ともコンピュータの設置が急務であるといえる.設置されているコンピュータを

表4-7 コンピュータの導入状況

区 分	公民館	図書館	博物館	博物館類似施設
施設数	18,182	2,979	1,196	4,418
コンピュータの設置施設数	9,850	2,825	1,062	2,446
施設数に占める割合（%）	54.2	94.8	88.8	55.4
コンピュータの設置台数	59,217	33,386	13,970	16,252
利用者が利用できるコンピュータの設置施設数	5,952	2,585	445	951
施設数に占める割合（%）	32.7	86.8	37.2	21.5
利用者が利用できるコンピュータの設置台数	31,122	11,354	2,710	4,506
インターネットに接続されている利用者コンピュータの設置施設数	5,330	1,537	270	591
施設数に占める割合（%）	29.3	51.6	22.6	13.4
インターネットに接続されている利用者コンピュータの設置台数	24,505	4,591	1,154	1,790

利用者が利用できる割合が最も高いのは図書館であり，一方で博物館は低い状況にある．このことは，図書館では図書の検索やCD-ROMあるいはDVDの閲覧にコンピュータを利用できるようにしているが，博物館では各種関連情報（画像・動画を含む）を表示するためのコンピュータを設置していることが考えられる．

また，インターネットへの接続は図書館が最も高く（それでも設置数の半分），公民館では3割程度である．図書の検索は，当初CD-ROMパッケージが主流であったことから，インターネット接続は進まなかったことが要因として考えられる．しかし，現在ではインターネットでの情報検索が主流であり，図書館だけでなく公民館でもインターネットにつながるネットワークを施設することは，生涯教育を円滑に推進するためにも早急に実現すべき課題といえる．

2) 家庭のIT環境

生涯教育に関する諸講座を家庭で受講しようとすると，家庭でのパソコン設置およびインターネットへの接続が前提条件となってくる．これについては，総務省の2008年版情報通信白書が参考になる[37]．

その中の第1章第3節の「ユビキタス化がもたらす新たな国民生活」では，国民生活における情報通信利用の現状として，インターネットの利用状況，ブロードバンドの利用状況，携帯インターネットの利用状況，ウェブサイトの利用状況について記載している．

これによると，2007年度末のインターネット利用人口は8,811万人（人口普及率は69.0%）と推測されている．つまり，国民の約7割は何らかの形でインターネットを利用していることがわかる．

個人がインターネットを利用する際に使用する端末の種類（複数回答あり）については，パソコンからの利用者（88.7%），携帯電話・PHSおよび携帯情報端末からの利用者（82.7%）の順に高かった．その中で，携帯電話等の移動端末のみの利用者は，前年度比で44.2%の増加となった．これより，徐々にパソコンから移動端末への移行が見られる．

年代別のインターネット利用状況については，2004（平成16）年末と2007（平成19）年末の比較で，すべての年代において2007（平成19）年度末の方

が増えていることが明らかになった．その中でも，50歳代以上の各年代の方が，それ以前の年代の増加率よりも高かった．このことから，50歳代以上の中高年層（おもに現役引退者）のインターネット利用率が高まってきていることがわかる．

　自宅のパソコンを使って意図を利用する際に，ブロードバンド回線を使っている比率は，6歳以上の人口全体で40.6%であり，自宅のパソコンを使ってインターネットを利用する人の79.6%であった．これより，約8割の人が，自宅からブロードバンド回線を使ってインターネットを利用していることがわかった．

　e-Learningに関しては，平成15年版情報通信白書の「第1章　特集　日本発の新IT社会を目指して」の「第3節　豊かな国民生活の実現と社会問題の解決」「4　社会問題の解決に寄与する情報通信」「(5)　インターネットを利用した生涯学習におけるeラーニング」において取り上げている[38]．

　これによると，インターネットを利用したe-Learningの利用意向については18.2%になるとした．また，この値をもとに推計した結果，インターネットを利用した生涯学習e-Learningの潜在利用者数は684万人に及ぶとした．これらより，着実に，インターネットを利用したe-Learningは，生涯教育人口の増加に寄与すると結論づけた．

（4）e-Learningの実態調査

　生涯教育は，基本的に個人による個別学習が前提となる．そこで，個人のe-Learning活用状況の調査結果が参考となるが，第4章4．（3）で取り上げたeラーニング白書の中の「eラーニングユーザ調査［個人］）」の概要について取り上げる[31]．

　この調査は，Gooリサーチモニタの1,063人（多い順に，一般社員クラス，学生，パート・アルバイト，主任・講師クラス，部長・教授クラス，契約社員・派遣社員）に対して，2008（平成20）年に行った．

　個人的な学習でのe-Learning利用度については，「現在・過去に利用したことがある」が21.5%となった．このことから，まだ個人レベルでのe-Learning

の利用は，それほど進んでいないことがわかる．

　学習の際に利用している電子機器としては，DS・パソコン・iPod・Wii・PSP と続いた．これより，最近では，パソコンよりも電子機器を利用した学習に移行しつつあることがわかる．

　その電子機器を用いた e-Learning での学習内容は，語学・脳力・漢字・国語と続いた．これらは，いずれも電子機器が得意とするコンテンツであり，ゲーム感覚で気楽に学習できるだけでなく，持ち運びが簡単な機器であることから「いつでも・どこでも・誰でも」という e-Learning の特質に合った教材といえる．

　e-Learning を利用した学習の分野は，語学，IT・コンピュータ，趣味・教養，ビジネス（経理・法律・金融・不動産等）と続いた．語学や IT・コンピュータは，自学自習による学習に適した分野といえる．たとえば，語学分野では，TOEIC（Test Of English for International Communication）や TOEFL（Test Of English as a Foreign Language）などの英語能力の検定試験がある．これらについては，e-Learning の個人別学習管理機能を使うことで，自分のペースに合わせて弱点克服のための学習訓練が可能となる．

　IT・コンピュータ分野では，各種アプリケーションソフトの操作手順，ホームページや blog の作成・公開方法，あるいは，情報関連の資格試験がある．いずれも，自学自習に適した学習形態といえる．操作手順については，各画面を時間の経過とともに順番に移動しながら対応するイベントを駆動するという一連の操作を繰返し学ぶことによって習得が可能となる．資格試験については，語学と同じように，弱点克服のための学習が効果的であり，そのために e-Learning のテスト機能を利用することができる．

　e-Learning を利用した費用にかかる負担感については，e-Learning は受講料が安く負担感が相対的に低いと思う人が約 4 割を占めた．一方，これらの逆と感じた人は約 1 割であった．本アンケートでは，あくまでも自己学習を前提としており，e-Learning にかかる費用は個人負担が多いと思われる．その際の負担感がそれほどないという印象は，今後の e-Learning の普及にプラスの効果をもたらすことが期待できる．

e-Learningの効果については，効果があると思う人が約6割，逆に効果がないと思う人が約3割であった．これより，e-Learningによる学習の結果，目的とした知識（他人に説明できるようになった）や技能（実際に独力でできるようになった）が習得できたり，あるいは，資格が取得できたという効果があったということになる．

（5）e-Learningの事例

e-Learningを活用した生涯教育は，拡大かつ多様化の方向に向かっている[39]．その背景には，① 学習サービスを提供する組織の多様化，② 資格から芸術まで新分野への拡張，③ 新しい携帯ツールの利用といったことがあげられる．

①については，大学等の教育機関として「佐賀大学eラーニングスクール」や「インターネット高専スクール（e-Learning創造性教育コース）」あるいは第4章3．（4）で取り上げた「サイバー大学」などがあげられる．行政・公益法人・NPOといった機関として「エル・ネット」，「インターネット市民塾」などがあげられる．「エル・ネット」は，衛星通信を利用して教育・文化・スポーツ・科学技術に関する情報を発信するための教育情報ネットワークである．

②については，それまでのIT系資格（情報処理技術者試験・Microsoft認定資格試験・オラクルマスターなど）やビジネス系資格（公認会計士・中小企業診断士・簿記検定など）だけでなく，新しい資格に対応したe-Learningとして，「デジタルハリウッド・オンラインスクール」（Web系・グラフィック系資格），「i-net school（住宅関連資格，ガス関連資格，電気工事士）」などがあげられる．

また，日本サッカー協会が提供している「JFAラーニングサッカー4級更新講習会」などもある．語学に関しては，オンライン英会話学習サービスとして，「ECCウェブレッスン」，「ベルリッツ・バーチャル・クラスルーム」などがあげられる．

さらには，音楽や芸術といった新しい分野でのe-Learningとして「Boston Scholl of Music」「ヤマハミュージックレッスン」が，育児支援でのe-Learning

として「wiwiw」「amo」などがある．

③については，個人向けe-Learningにおいて，モバイル情報端末や携帯ゲーム機の利用が増えてきている．これには，「最短！英検合格」「ポッドキャスト」「ニンテンドーDS」などがあげられる．

ここでは，前述の中の「インターネット市民塾」の1つである「e-市民塾みらい」とECCの語学レッスンについて取り上げる[40)41)]．

1） e-市民塾みらい

e-市民塾みらいは，生涯学習のためのポータルサイトであり，神奈川県および横浜市の各種講座情報や学習コンテンツの提供，地域コミュニティビジネス活動のための情報を発信かつ共有するために運用されている．

① 開設講座

開設している講座には，次のようなものがある．

・シニア情報生活アドバイザー養成講座

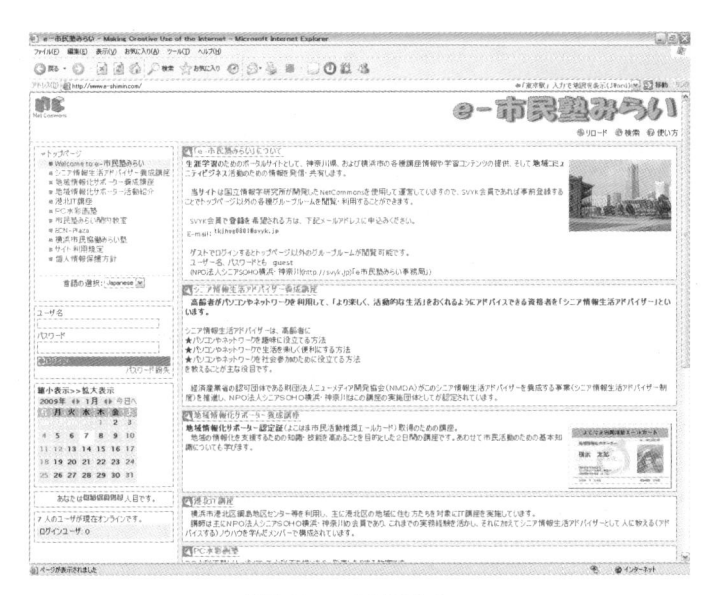

図4-10　e-市民塾みらい
（提供：e-市民塾みらい）

高齢者がパソコンやネットワークを利用して，より楽しく活動的な生活をおくれるようにアドバイスできる資格者を養成
・地域情報化サポーター養成講座
地域情報化サポーター認定証（よこはま市民活動推奨エールカード）取得のための講座
・港北 IT 講座
横浜市港北区綱島区民センター等を利用し，港北区の地域に住む方たちを対象に，IT 講座を実施
・PC 水彩塾
パソコンで水彩画を描いたり，発表するための教室
・市民塾みらい関内教室
楽しく学ぶことをモットーに地域の人びととともに各種パソコン講座を開催
・ECN-Plaza
働く意欲のあるシニアと市内の企業に対して「就労支援」と企業支援を実現
・横浜市民協働みらい塾
世代をつなぐシニア・コーディネータによる学びの町づくりを協働して実施

以上より，e-市民塾みらいに参加することによって，さまざまな生涯学習を e-Learning によって体験できるだけでなく，老後をおくるシニア世代にとっても地域との社会的なつながりを維持することができ，場合によれば地域社会に貢献することさえも可能になる．これによって，生きる力が育まれ，老後の豊かな人生を送ることができるようになる．

② CMS

当サイトは，NetCommons を使用して運営している．NetCommons は，国立情報学研究所の NetCommons プロジェクトが開発した CMS（Contents Management System）である．学校や大学などの教育機関向けの e-Learning システムという位置づけであったが，最近ではさまざまな Web サイトの構

築にも利用されるようになっている．2007（平成19）年には，NPO法人コモンズネットが設立されており，普及活動も活発に行われている．

2）ECC ウェブレッスン

ECCが2002（平成14）年から開設しているe-Learning向けのWebサイトである．自宅のパソコンで，インターネットを使ってインストラクタとリアルタイムによるレッスンを受講することができる仕組みを提供している．

① レッスンの進め方

レッスン予約は，パソコンか携帯電話により行う．その際に，レッスン開始5分前まで，キャンセルは2時間前まで可能である．レッスンは，月〜金曜日までは深夜2時まで，土曜日と日曜日は夜11時まで，それぞれ開講している．

レッスン開始10分間は，e-Learningでその日に習うフレーズを事前学習する．その際に，スピーカーアイコンをクリックして発音を確認することができる．

レッスンは，マンツーマンレッスン（インストラクタと生徒が1対1）か，フリータイムレッスン（インストラクタと生徒が1対4）を選ぶ．フリータ

図4-11　ECCWebレッスン
（提供：ECCウェブスクール）

イムレッスンの画面では，挙手機能（手を挙げてインストラクタに質問できる）やホワイトボード機能（インストラクタが板書できる）が提供される．

レッスン終了後は，インストラクタからのコメントがパスポートという講義録で配信される．そこで，その日のレッスンに対するコメント（上達度や留意点など）が見られ，レッスンの復習ができる．

また，教材パッケージとして，ECC 英会話 Podcasting や ECC Speak! などのソフトウェアが提供されており，これらで自学自習を行うことで会話の定着を図ることができる．

以上のように，e-Learning を組み合わせながら，自宅のパソコン（Web カメラ，ヘッドセットを接続）で語学（英会話・中国語・韓国語・フランス語・スペイン語・イタリア語・ドイツ語・TOEIC・ビジネスライティングなど）の学習ができるようになっている．

② 学習コンテンツの利用

ECC ListeN! CLUB では，無料コンテンツをダウンロードできる．これには，ListeN! による e-Learning でのリスニング・リーディング学習，ListeN! SpeaK! による ECC Speak! でのリスニング・リーディング・発音チェック学習，ListeN! MOBILE による携帯電話でのリーディング学習，ListeN! Pod による MP3 プレーヤーでのリスニング学習，などのサービスが提供される．

章末問題

(1) 初等中等教育において，どのような審議会や協力者会議が，教育の情報化について提言をしてきたのか，その経緯についてまとめよ．
(2) 初等中等教育における学習指導要領は，どのように変遷してきたのかについて関連する文献を調べてまとめよ．
(3) 東南アジアの小中高等学校の IT 環境について調べるとともに，わが国と比較せよ．
(4) 自分の卒業した小学校か中学校か高等学校の IT 環境を調べてまとめよ．
(5) 本書で取り上げた以外の初等中等教育における e-Learning の事例を調べ

てまとめよ．
(6) 初等中等教育において，今後，e-Learningをどのように活用していけばよいと思うかについて提案せよ．
(7) 他大学を1つ選び，その大学のIT環境（ハードウェア・ソフトウェア・ネットワーク）についてまとめよ．
(8) 本書で取り上げた以外の高等教育におけるe-Learningの事例を調べてまとめよ．
(9) 本学でe-Learningを導入するための提案書を作成せよ．提案にあたっては，本学のIT環境を提示するとともに，どのような授業展開をするのかについて具体的に示すこと．
(10) 企業内教育では，どのような研修体制が取り入れられているのかについて調べるとともに，人事考課との関連についても調べよ．
(11) 本書で取り上げた以外の企業内教育におけるe-Learningの事例を調べてまとめよ．
(12) わが国において生涯教育の活動内容がどのように変遷してきたのかについてまとめよ．
(13) 本書で取り上げた以外の生涯教育におけるe-Learningの事例を調べてまとめよ．
(14) 生涯教育とu-Learningの関係について論じよ．

第5章

e-Learning 業界

現在,国内の e-Learning 市場は,e-Learning システムを開発・構築・販売する事業者,教材コンテンツを開発・制作・販売する事業者,e-Learning を用いた研修や学習コースを提供・運営する事業者,ゲームも含む学習ソフトウェアを開発・制作・販売する事業者など多岐に及んでいる.それらの事業者が対象とする e-Learning 市場規模は,2007 年度においてすでに 1,000 億円を超えているという報告もある[1].これより,教育産業全体においても,e-Learning 業界の市場規模は,年々増大化している傾向にある.

ここでは,e-Learning 業界として,業界の分類と事業内容,職種の分類と ID との関連,関連資格制度について取り上げる.

1. 業界の枠組み

e-Learning 業界を 1 つの事業としてとらえ,事業者であるベンダの分類と事業の内容について取り上げる[13].

（1） ベンダの分類

現在の e-Learning 業界に属するベンダ（vendor）は，e-Learning システム（LCMS や LMS や LSS を含む）本体の開発と提供に従事する側と，e-Learning システムを用いて教育サービスを提供する側に大別することができる．その上で，e-Learning を利用する側としての組織（学校・企業・自治体）や個人（学習者）が含まれる．以上の関係を，図 5-1 に示す．

（2） 事業の内容

ここでは，（1）に基づき，それぞれのベンダの業務内容について取り上げる．

1） システムベンダ

第 3 章で取り上げた e-Learning システムのプラットホームの中で，おもに LMS を開発し販売するベンダである．この中には，オンラインテスティングツールやオーサリングツールも含まれる．また，SCORM 規格準拠の e-Learning エンジンの開発なども行う．

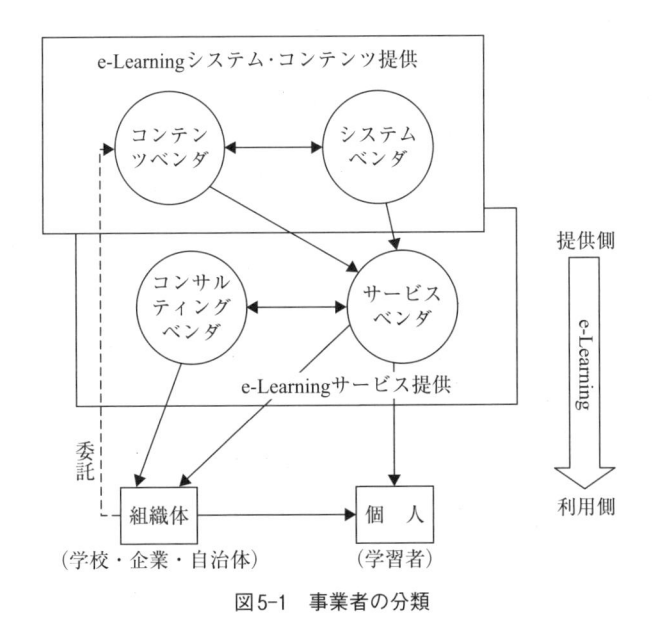

図5-1　事業者の分類

2) コンテンツベンダ

第3章で取り上げた e-Learning システムのプラットホームの中で，おもに LCMS を開発し販売するベンダである．コンテンツの媒体としては，アナログ（書籍類）からディジタル（CD-ROM，DVD，Web ページ）まで含まれる．

教材コンテンツには，ある組織からの委託を受けて独自に作り上げるオーダメイドコンテンツと，既存に用意されたレディメイドコンテンツがある．レディメイドの事例として，第4章4．（4）で取り上げた NEC ラーニングが提供するコンテンツ類をあげてみる．

IT 関連では，Microsoft Office（Office 2003，Office XP，Office 2000），プログラミング（Java，XML，C 言語，Visual BASIC，ホームページ作成），システム（コンピュータリテラシー，UNIX/Linux，ネットワーク技術，セキュリティ技術，データベース，データウェアハウス，SRC IT プロスキルライブラリー，情報セキュリティ，e ビジネス，情報処理技術者試験，プロジェクトマネジメント（PMBOK））などがある．

ビジネス関連では，ビジネスマナー（セクシャルハラスメント，パワーハラスメント），インフルエンス（主張・理解，関係構築，チーム貢献，プレゼンテーション，交渉），論理的思考（課題形成，クリティカルシンキング，クリエイティブシンキング，システムシンキング，意思決定），自己管理（計画・実行，主体・適応，キャリアデザイン），マネジメント，リーダシップ，コーチング，MBA/MOT（技術経営），セールス，顧客志向，財務，会計，経済，経営，戦略，マーケティング，人事，コンプライアンス，メンタルヘルスなどがある．

これら以外に，公官庁，自治体，語学（英文契約書，英会話，TOEIC），業種別（金融，医療）などがある．

以上のように，相当数のコンテンツが，分野毎に広範にわたって作成されていることがわかる．また，SCORM に準拠しているコンテンツであれば，顧客側も好きなものを選択して利用することができる．基礎的な知識や操作技能に関する教材コンテンツであれば共有して利用することができることから，こういった市販のものを流用することは，利用実績もあり費用対効果も優れている

といえる．

3）サービスベンダ

システムベンダやコンテンツベンダから，e-Learningシステムや教材コンテンツを調達して教育サービスそのものを，利用者に提供するベンダである．そのサービスには，次のようなものがある．

① e-Learningの運用サービス

ホスティングサービス，ハウジングサービス，ASPサービスなどがある．

ホスティングサービス（hosting service）は，顧客に対してサーバをレンタルでサービスすることである．

ハウジングサービス（housing service）は，顧客のサーバや通信機器を通信事業者やインターネットサービスプロバイダの施設に設置するサービスのことである．

ASP（Application Service Provider）サービスは，インターネットを介してビジネス用のアプリケーションソフトを顧客にレンタルするサービスのことである．

② 研修サービス

ポータルサイトの提供や教材コンテンツの配信などがある．また，チュータリングサービスやメンタリングサービス，あるいは，ヘルプデスクといったLSSを提供する．

4）コンサルティングベンダ

e-Learningシステムの導入時のコンサルティングや教育コンサルティングを行うベンダである．教育コンサルティングでは，人材育成全般，組織内の教育コースの設計，あるいは，IDによるコンテンツ制作などに関してサポートする．

2. 職種の分類

e-Learning 専門家には，第5章1. で取り上げた日本 e ラーニングコンソシアム（eLC：e-Learning Consortium）が認定している職種，あるいは，青山学院大学 e ラーニング人材育成研究センター（eLPCO：e-Learning Professional Competency）が育成している職種がそれぞれあげられる．

（1）eLC による職種

日本 e ラーニングコンソシアムでは，「e- ラーニング・プロフェッショナル資格制度」を発足させ，その中で e-Learning に関する専門職種を設置している[43]．これによると，e-Learning 専門家を，ベンダとユーザに大別し，それぞれに職種を定めている．

1) ベンダの職種

おもに人材育成ソリューションを提案するベンダにおける e-Learning 専門家である．

① コンサルタント（Consultant）

e-Learning システムを導入するための専門的な知識（コンサルティング手法，e-Learning 戦略，IT）と技能（プロジェクト推進支援）や提案力（コスト分析や収益モデル）を保有している人材のことである．

② ラーニングデザイナ（Learning Designer）

ID に基づき学習コースや教材コンテンツを設計できるとともに，e-Learning システムとメディア特性の関する知識と技術を保有しているとともに，プロジェクト管理能力も保有している人材のことである．

③ コンテンツクリエータ（Contents Creator）

教材コンテンツを制作できる知識と技術として，e-Learning システムとメディア特性・HCI（Human Computer Interaction）デザイン・SCORM 規格などを習得している人材のことである．

④ SCORM 技術者（SCORM Engineer）

SCORM に関する知識（コンテンツアグリゲーション，ランタイム環境，LOM など）や Web コンテンツプログラミング（JavaScript や XML など）の技術を習得しているとともに，相互運用性を考慮したコンテンツ制作ができる人材のことである．

2） ユーザの職種

高等教育機関や企業内の教育組織部門に属する e-Learning 専門家である．

① マネジャー（Manager）

e-Learning による人材開発プロジェクトを管理できる人材であり，組織内の e-Learning 戦略の策定，技術基盤の体制整備，導入評価などの実現といった役割が求められる．

② エキスパート（Expert）

技術基盤・システムインフラの準備，コンテンツ選択，導入評価，プロジェクト管理の支援を行うことができる人材である．

③ チュータ（Tutor）

学習者に向けてのチュータリングや学習情報の分析に基づくフォローアップなどを行うことができる人材である．

（2） eLPCO による職種

青山学院大学総合研究所に設置された e ラーニング人材育成研究センターでは，「e-ラーニング専門育成プログラム」の中で，e-Learning に関する専門職種を設定している[11]．ここでは，e-Learning 専門家を，e-Learning をより上手く活用できるとともに，次の時代の e-Learning を模索し続けること，を行うことができる人材と定義している．これを前提に，次のような職種を定めている．

1） インストラクショナルデザイナ

第 3 章 3.（2）で取り上げた ID における分析・設計・評価フェーズをおもに担当する専門家である．より効果的な e-Learning コースを作り上げ提供することを目指す．それとともに，コース自体の評価結果をフィードバックして反映する必要がある．そのためには，

・ID に関する知識
・教育関係者とのコミュニケーション能力
・形成的評価の方法
・調整能力

を習得している必要がある．

2) コンテンツスペシャリスト

ID における開発のフェーズをおもに担当する専門家である．基本的には，IT スキルに基づきコンテンツを開発することになる．そのためには，

・学習理論などの教育工学の基礎知識
・コンテンツ開発環境の知識
・オーサリングソフトの操作
・コンテンツの評価方法
・他のレディメイドコンテンツの知識

を習得している必要がある．

3) インストラクタ

インストラクション (instruction) という言葉は，指示・教示・命令・教授・教訓・教え・教育などと訳される．そのインストラクションをつかさどる人である．指導者・教官・教授者がインストラクタ (instructor) と呼ばれる．いずれの場合も，「教える」専門家となる．ただし，e-Learning において「教える」という活動は教材コンテンツに内包されていることから，「教える」ことに付随するさまざまな支援活動を行う人ということができる．そのためには，

・教材と同等の知識
・教材の活用能力
・学習支援活動（関連情報やアドバイスの提供）

を習得している必要がある．

4) メンタ

メンタリングを支援する専門家である．e-Learning による学習においては，非常に重要な役割を担っており，学習者の動機づけを維持するためにかかせない活動となる．メンタは，学習者からの質問や相談に答えるだけでなく，学習

者の心情を把握するためのコミュニケーションを図る必要もある．そのためには，
- 学習内容や技術的問題に関する知識
- 学習履歴情報の収集と分析手法
- コーチングやカウンセリングの知識と技能
- メンタリングガイドラインの作成能力

を習得している必要がある．

5） ラーニングシステムプロデューサ

組織における学習を実現するための仕組みを生み出す（produce）ための専門家である．これより，e-Learningシステムに関わる学習プロセスをサポートする役割を担っている．そのためには，
- ビジョンの策定（企画力・分析力）
- システムアーキテクチャのデザイン
- e-Learningシステムの導入方法
- e-Learningシステムの管理方法
- e-Learningシステムの評価方法
- 関係スタッフの支援

を習得している必要がある．

（3） IDと職種の関連

ソフトウェア開発プロセスに関しては，ソフトウェアライフサイクルプロセス（SLCP：Software Life Cycle Process）における各プロセスを分類するガイドラインである「共通フレーム98」が策定されている．この中で，ソフトウェア開発に関連する作業を「プロセス」「アクティビティ」「タスク」「リスト」の4階層に分類しており，それぞれの内容を詳細に規定している．これと同じような基本的アプローチが，IDでも取り入れられているといってよい．

上述したそれぞれの職種を，IDの各フェーズに位置づけると図5-2のようになる．なお，第3章3.（2）で取り上げたIDでは実施フェーズを入れてないが，eLPOによる職種では実施フェーズを想定していることから，評価フェーズに含めることにする．

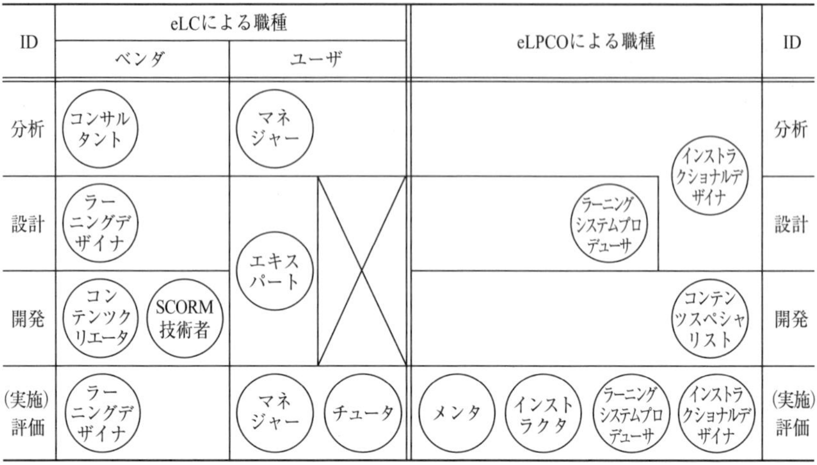

ID	eLCによる職種		eLPCOによる職種	ID
	ベンダ	ユーザ		
分析	コンサルタント	マネジャー	インストラクショナルデザイナ	分析
設計	ラーニングデザイナ	エキスパート	ラーニングシステムプロデューサ	設計
開発	コンテンツクリエータ / SCORM技術者		コンテンツスペシャリスト	開発
(実施)評価	ラーニングデザイナ	マネジャー / チュータ	メンタ / インストラクタ / ラーニングシステムプロデューサ / インストラクショナルデザイナ	(実施)評価

図5-2　IDと職種の関連

　いずれの職種においても，IDの各フェーズをすべて網羅していることがわかる．このように，e-Learningシステム構築のプロセスにおいて，フェーズ毎に実施すべき作業内容とそれらを主に担当する職種を決めておくことによって，高い品質と信頼性を備えた教育コース（教材コンテンツを含む）を提供することが可能になる．

3. 関連資格制度

　学校教育に関連する資格制度としては，日本教育工学振興会（JAPET）が実施する「教育情報化コーディネータ」がある[44]．また，本書のテーマでもあるe-Learningに関連した資格として，第5章2.（1）で取り上げたeLCの職種に対応した資格制度[43]，およびより専門的に特化したSCORMアセッサ資格制度[45]がある．

(1) 教育情報化コーディネータ

第4章 2.（1）で取り上げた「教育の情報化」では，学校における情報環境として，ハードウェア・ソフトウェア・教員の情報リテラシーのインフラ整備を推進してきた．しかし，いくらこういったインフラ整備だけを押し進めても，真の情報化が実現されないことが明らかになってきた．その要因として，学習環境の支援体制の脆弱化があげられるようになった．

そこで，学校において学習環境を支援するための専門家「教育情報化コーディネータ」という人材像が生み出され，そのための検定試験が実施されことになった．

1) 求められる能力

「教育の情報化」を学習環境の支援という観点から推進していくために必要となる知識や技能として，次の4点があげられている．

①情報教育工学や教育情報学に関する基礎的な知識

②学校経営，教育システム，教育と情報化に関する基本的な知識

③ITの最新動向とITを教育に活用するための知識と技術

④問題解決力や表現・コミュニケーション能力，ネットワーク構築技術

これらをみてもわかるように，ITに関する一定レベル以上の知識や技術を保持しているだけでは不十分であり，学校経営や教育行政の理解，情報手段の教育へ利活用など幅広い資質が求められている．

2) 試験の概要

「教育情報化コーディネータ検定試験」は，3つのレベルに分けられている．

① 3級レベル

　入門レベルであり，教育情報化コーディネータとして必要とされる基本的な概念や専門用語・知識を理解していることが要件となる．

② 2級レベル

　専門家レベルであり，学校や市町村単位で立案している短期的（1～3年程度の期間）な情報化計画を，実際の教育現場において実現できることが要件となる．

③ 1級レベル

　指導者レベルであり，国や都道府県が立案する長期的な情報化計画に対して提案や助言するとともに，運用上想定される課題をも解決した上で，実際の教育現場において実現できることが要件となる．このため，2級レベルの合格者が，さらに数年間現場で経験を積んでいることが前提条件となっている．

　なお，試験の実施には，CBT（Computer Based Testing）を採用しており，いずれの試験会場も大学や専門学校のコンピュータ室になっている．

（2） eラーニング・プロフェッショナル資格制度

　2007年度から，eLCが実施している資格制度である．これは，学校（ただし，高等教育機関）や企業あるいは公共機関において，e-Learningを導入して活用する際に必要となる専門的な知識・技術を持つe-Learning専門家を資格認定するための制度である．

1） 資格体系

　eLCベーシック，eLCプロフェッショナル，eLCシニア，eLCマイスタの4階層から構成されている．

　eLCベーシックは，人材育成，ID，ICT，PMに関する基本的な考え方，e-Learningに関する専門用語と関連法規などの知識を有していることが要件になる．認定されると，e-Learning業務を遂行するのに必要となる基本的な知識を習得しているとともに，eLCプロフェッショナル資格認定のための研修受講の前提となる能力を持っていることが証明される．

　eLCプロフェッショナルは，第5章2.（1）で取り上げた7つの職種（コンサルタント・ラーニングデザイナ・コンテンツクリエータ・SCORM技術者・マネジャー・エキスパート・チュータ）毎に対応した資格である．

　eLCプロフェッショナルより上位レベルの資格にeLCシニア，さらなる上位レベルにeLCマイスタの資格が用意されている．

2) 実施方法

eLC の資格を取得するためには，資格申請を行う必要がある．その資格申請に至るまでには2通りの方法がある．1つは，eLC ベーシック研修コースを受講し，修了試験に合格して修了認定を受ける方法である．現在実施されている研修コースのプログラムは，次のようになっている．

・社会人教育と e-Learning
・学習心理学入門
・SCORM 入門
・ID 入門
・e-Learning のモラルとコンプライアンス
・e-Learning プロジェクト入門／基礎
・インターネット入門

もう1つは，eLC が認定した高等教育機関での単位を取得する方法である．この高等教育機関としては，熊本大学大学院教授システム学専攻，および，青山学院大学 eLPCO の2大学が指定されている．

以上の形で eLC 資格を申請した後，eLC 資格認定委員会によって，審査され，資格認定の合否が決定する．なお，取得した資格に対しては，3年更新が義務づけられる．

(3) SCORM アセッサ資格制度

eLC が実施している SCORM 適合コンテンツを認証するための資格制度である．

1) 資格制度の背景

e-Learning が今以上に普及・定着していくためには，コンテンツの種類と量が拡充するとともに低価格で提供されることによって，コンテンツの流通が盛んになることが要求される．その際に，コンテンツが SCORM 規格に準拠していることで，業界内での相互運用性が保障されることになる．そのためには，自社開発コンテンツあるいは流通コンテンツに対して，SCORM 規格に適合しているか否かをアセスメント（assessment）できる人材が必要になる．そ

こで，SCORMアセッサ（SCORM assessor）資格制度を発足することになった．

本制度の実施に伴い，コンテンツの多種多様化により選択範囲が広がり，コンテンツそのものの質的向上の実現と競争による低価格も期待できる．これによって，流通コンテンツ市場も活性化し，結果として e-Learning の普及にも拍車がかかることになる．また，eIC 認証 SCORM 適合コンテンツとして登録することで，製品の信頼性および相互運用性の保障が確保されることになり，市場での流通が活発化する．

2）SCORMアセッサのスキル

認証制度に関するスキルとしては，以下の項目について説明できることが要件となる．

・アセッサの権限・責任
・SCORM 適合コンテンツの検査方法
・SCORM 適合コンテンツの申請方法
・アセッサ資格の喪失条件
・登録済み SCORM 適合コンテンツの取り消し条件

技術に関するスキルとしては，以下の項目について説明できることが要件となる．基礎知識としては，

・工業製品における技術標準の意義とその具体例
・e-Learning における標準化の意義と対象およびその具体例
・SCORM の意義と対象
・コンテンツアグリゲーションの構成と要素とファイル記述方法
・LOM の目的と構成と要素
・ランタイム環境
・SCO 起動処理の一連の流れ，SCO と LMS の役割分担
・API（Application Program Interface）関数の役割と使用方法とエラー概要
・データモデルの役割と使用方法
・JavaScript/XML プログラミング
・Web（HTML・http・URL・WWW サーバ）

応用としては，
・SCORM 教材の作成（相互運用性）
・SCORM 教材の動作テスト（規格準拠性）
・トラブル事例と解決法

3） 実施方法

コンテンツベンダは，以下の手順によって SCORM アセッサ認証とコンテンツ認証を取得することができる．

① SCORM アセッサ認証

SCORM アセッサの資格取得を希望する者は，eLC が実施する SCORM アセッサ講習会を受講する必要がある．その際に，SCORM 規格について理解していること，e-Learning コンテンツの制作経験があることが前提条件となる．

SCORM アセッサ講習会では，eLC が定めるカリキュラムに基づき講習を実施する．その上で，認証試験を行い，eLC が定める合格基準に達している者は，SCORM アセッサとして eLC に申請できる資格（SCORM アセッサ候補者）を持つ．

SCORM アセッサ候補者は，SCORM アセッサとしての資格認証を申請することができる．その申請は，SCORM アセッサが所属する部門の責任者が行う．このため，申請する法人は，SCORM アセッサが相互運用性問題の解決などを行える体制を整える責任がある．

SCORM アセッサの資格を取得すると，「SCORM アセッサ資格認証書」が交付されるとともに，SCORM アセッサコミュニティに参加する義務が生じる．ここには，SCORM アセッサ，LMS ベンダの担当者，eLC メンバが参加し，相互運用性のノウハウ情報や技術情報を提供する場であるとともに，参加者同士の意見交換やコミュニケーションを図る場となる．

SCORM アセッサの資格有効期限は，原則として 1 年間である．資格を継続した場合，1 年間に限って有効期限を延長することができる．資格喪失後，資格を再取得するためには，再度講習会を受講する必要がある．

② SCORM 適合コンテンツ認証

　SCORM アセッサは，SCORM 適合コンテンツの認証を申請することができる．認証の要件としては，次のようなものがあげられる．
- ・SCORM アセッサによる SCORM 適合性検査ツールによる検査を実施し，それに合格したコンテンツであること
- ・SCORM アセッサが SCORM 規格（SCORM 補足規格を含む）に適合したコンテンツであることを承認すること
- ・コンテンツ仕様情報などを提出すること
- ・顧客が，コンテンツ仕様情報の公開を了解すること
- ・コンテンツの抜き取り検査に応じること
- ・コンテンツ提出の要請に従うこと

以上をもとに認証された登録コンテンツには，「SCORM プロダクト認証書」が交付されるとともに，eIC 認証 SCORM 適合コンテンツとして eLC のもとで公開される．

章末問題

(1)　国内における e-Learning 市場規模の現状と今後の予測についてまとめよ．

(2)　本章で取り上げた4つのベンダに属する企業をそれぞれ1社ずつ選び，どのような事業を行っているのかについてまとめよ．

(3)　ASP サービスのケースを1つ選び，具体的に説明せよ．

(4)　コンピュータ業界においても，専門の職種が存在する．そこで，情報処理技術者試験を例にして，どのような職種があって，どのような業務をつかさどるのかについて説明せよ．

(5)　e-Learning 専門家の各職種が，実際の業務においてどのような仕事を担当するのかについて説明せよ．

(6)　ある企業で，e-Learning システムを新規に開発し社内で実施することになった．その手順の概要は，次のようなものとする．

　　① 計画立案

②　スケジュールと予算の策定
③　LMS の選択（ASP を含む）
④　コンテンツの選択（自社コンテンツか，汎用コンテンツか）
⑤　学習形態の選択（e-Learning だけか，集合研修だけか，ブレンディングか）
⑥　実施とサポート
⑦　効果測定

　上記にしたがって，e-Learning 専門家がどのような形で業務に参画するのかについて論じよ．
(7)　e-Learning の業界に就職すると仮定し，どのような仕事をしてみたいかについて自分の考えを述べよ．
(8)　今後わが国における e-Learning 市場は，どのように進展していくかについて，各人の意見を述べよ．

おわりに

　本書では，e-Learning に関する歴史的な変遷，用語の定義，構成要素，プラットホーム，標準規格，教育現場での適用，業界動向などについて述べた．

　「はじめに」でも述べたように，筆者自身，e-Learning システムを扱うことになったのは，本学に導入された HIPLUS を利用するようになってからである．本学では，2005（平成 17）年の全学コンピュータリプレースの際に，e-Learning システムの導入が決定し，試験的に e-Learning の利用を始めた．試験的であったことから，学内だけからのアクセスに制限した．学外からアクセスも含めるとなると，そのための専用サーバとセキュリティ対策が付加され，その分の予算が膨らむことが理由であった．このため，e-Learning の「いつでも」「どこでも」「誰でも」の特性が一部損なわれることになった．

　第 3 章で取り上げたように，HIPLUS は e-Learning システムであり，LMS の機能を備えている．教材コンテンツについては，PowerPoint のスライドデータを変換することで簡単に作成することでき，その中にテストやアンケートも組み込むことができる．

　そこで，筆者の研究室のゼミ生に，教材コンテンツの作成とその実証実験を試みさせた．教材は，年度毎に，

　① HTML（JavaScript を含む）によるホームページ作成と公開（2006 年度）
　② 簿記検定試験対策（2007 年度）
　③ 学内コンピュータ利用ガイド（2008 年度）

となった．

　実証実験について，①は，事前指導のために本学を訪問した高校生に対して行った．②は，筆者のゼミ生（検定合格者は数名程度）と簿記専攻（商学科所属）のゼミ生（ほとんどが検定合格者）を対象に行った．③は，情報システム学科の新入生数十名を対象に行った．

いずれも学内だけの利用ではあったが，被験者の事前テスト・事後テストの成績とアンケートの内容，およびLMSに収集された学習履歴データ（単元毎の学習時間，全体の進捗度合い）の解析などから，e-Learningによる学習効果が認められた．これらについては，情報システム学科卒業研究発表会でゼミ生に講演発表させるとともに発表予稿集に掲載した．

このように，本学では，まだe-Learningの利用は試験的に始めたばかりの状況にある．その中で，いくつかの課題が明らかになった．

1つは，学内だけというアクセス制限があったという問題である．とくに①や②の場合などは，高校生や大学生が自宅やネットカフェなどからアクセスすることができず，e-Learningの利点が実感できないことは問題であった．ただし，学外からのアクセスを承認する場合の費用対効果をどこまで正確に洗い出せるかが鍵となるだろう．

もう1つは，学内全体としてe-Learningに対する認識が不足しており，全学レベルでの利用に至らないという問題である．これについては，教員のe-Learningに関する理解不足が理由としてあげられる．

本学では，ポータルサイトPOTI（Portal Of Tiu Internal web）の運用は開始しており，シラバス登録・シラバス閲覧・レポート提出・成績評価・出席管理などができるようになっている．また，ITスキルを持つ教員の多くは，教材をWeb化したりスライドにして授業で利用したり，電子メールやBBS，さらには，携帯電話によるコミュニケーションなどを積極的に活用しているケースも見受けられる．しかし，e-Learningの利用まで至らないのが現状である．そのためには，学内においてe-Learning専門部署の立ち上げとその運用といった対策を講じる必要がある．教材コンテンツの開発・管理を始め，授業での運用支援などを専任で行う人材を確保し，大学全体としてe-Learningを実践する体制を整えることが先決といえる．さらに，各学部において，e-Learningに適した科目（語学，コンピュータリテラシー，簿記など）に対して単位認定を承認することも必要となる．

これらの課題が解決できたことを前提にした上で，本学において今後 e-Learning をどのように活用すればよいかについて提言する．

① 事前指導での利用

他大学でもすでに実施していると思われるが，AO 入試などにより早々に入学が決まった高校生に対して，大学側で入学前の指導を行うことを事前指導と呼ぶ．事前指導では，学科毎に必要となる基本的な知識や技術を習得してもらうこと，在校生との交流を含めコミュニケーションを図る場とすること，などを目的としている．

そこで，事前指導向けのオリジナルコンテンツを作成し，それを対象となる高校生に e-Learning を介して学習してもらう機会を与える．e-Learning システムの LMS により高校生個々人の学習状況は把握できるとともに，LSS によりさまざまなサポートも可能となる．今後は，こういったサービスが大学の差別化に結びつく可能性が高い．

② 「学内コンピュータ利用」講習会での利用

本学では，入学オリエンテーション時に，全学レベルでの学内コンピュータ利用講習会を実施している．ここでは，ID と仮パスワードの付与，学内のコンピュータとネットワークの利用方法，ポータルサイト POTI の利用方法，ネチケットと情報セキュリティ，学内施設の利用規定などについて説明している．これらを，すべて e-Learning のコンテンツに置き換え，それらを新入生はある一定期間学内外で学習するというやり方に切り替える．

③ コンピュータリテラシー教育での利用

商学部では，MS-Office を中心にコンピュータリテラシー教育を実施している．今までは，某教育ベンダのインストラクターを派遣してもらい，ゼミナール単位の集中講座として開講している．

これらを，すべて e-Learning に移行する．高等学校では，すでに教科情報が実施されていることから，コンピュータリテラシーに秀でた学生もいる．一方，過去に発覚した未履修問題の影響で，以前としてコンピュータリテラシーが不足している学生もいる．そこで，単位認定制度（事前テス

トによる判定，一定水準以上ならば合格扱い）や能力別クラス編成の導入を検討する必要がある．いずれも e-Learning では実現しやすい方策といえる．

④　資格取得での利用

　本学では，学生の各種資格取得支援のために，エクステンションセンターを開設している．ここでは，就職対策，国家資格，ビジネススキル，医療・福祉，語学，パソコン，教養・生活・健康，TIU 市民講座，特別講座，など多方面にわたる講座を開設している．これらの中には，すでにレディメイドコンテンツとして市販されている教材（SCORM 規格準拠）もあるので，それらを含めて e-Learning として提供することができる．

　もともと資格取得は，個人による自学自習が前提となることから，e-Learning には最も向いている学習形態になり得る．このため，学内だけではなく学外でも，いつでもどこでも誰でもが学習できる環境を揃えるとともに，ゼミ指導教員のサポートなどの体制を作りフォローする．

⑤　補習授業での利用

　学生が何らかの理由により授業を欠席した場合，その分の補習授業として e-Learning を利用するシステムを構築する．そのためには，担当教員の授業をビデオに収録したり，対応するスライドを作成するといった作業が生じる．これらの作業を支援する要員を，専門部署として配置しておく必要がある．学生が VOD（Video On Demand）により補習を受けるとともに，コンテンツに含まれるテストを受けることで，担当教員はその学習実績を考慮することが可能になる．

　以上，本学における e-Learning 化に向けて考察した．来年度は，また全学コンピュータリプレースの時期なので，e-Learning の導入に向けて提案していきたい．

　最後に，本書の執筆にあたり，ご協力頂いた鈴木克明教授（熊本大学大学院），HILPUS に関する情報を提供して頂いた日立電子サービス（株）および

お願いした Web サイトのトップページの画面を提供して頂いた組織の皆様に対して，心より感謝とお礼を申し上げます．

2009 年 1 月

河村　一樹

参考文献

1) 日本教育工学会編『教育工学事典』実教出版，2000
2) 教育システム情報学会編『教育システム情報ハンドブック』実教出版，2001
3) 菅原良著『e ラーニングの発展と企業内教育』大学教育出版，2005
4) IT 戦略本部編『e-Japan 戦略』2001, http://www.kantei.go.jp/jp/it/network/dai1/pdfs/s5_2.pdf
5) IT 戦略本部編『e-Japan 戦略Ⅱ』2003,
   http://www.kantei.go.jp/jp/singi/it2/kettei/030702ejapan.pdf#search='eJapan 戦略Ⅱ'
6) IT 戦略本部編『IT 新改革戦略』2006,
   http://www.kantei.go.jp/jp/singi/it2/kettei/060119honbun.pdf#search='IT 新改革戦略'
7) 総務省編『u-Japan 推進計画 2006』2006,
   http://www.soumu.go.jp/s-news/2006/pdf/060908_3_1.pdf#search='ujapan 推進計画 2006'
8) 先進学習基盤協議会編著『e ラーニング白書 2003/2004 年版』オーム社，2003
9) 植野真臣著『知識社会における e ラーニング』培風館，2007
10) 経済産業省商務情報政策局情報処理振興課編『e ラーニング白書 2007/2008 年度版』東京電機大学出版局，2007
11) 玉木鉄也監修『e ラーニング専門家のためのインストラクショナルデザイン』東京電機大学出版局，2006
12) 仲林清『e-Learning の要素技術と標準化，情報処理』Vol.43, No.4, pp.401-406, 2002
13) 経済産業省商務情報政策局情報処理振興課編『e ラーニング白書 2007/2008 年版』オーム社，2007
14) 鈴木克明著『教材設計マニュアル』北大路書房，2002
15) 鈴木克明，井口巌，鷲尾幸雄著『独学を支援する教材設計入門』東北学院大学教育工学研究室，1995
16) 伊藤健二『e-Learning とは何か，情報処理』Vol.43, No.4, pp.394-400, 2002
17) 河村一樹，斐品正照著『情報科教育法』彰国社，2003
18) 文部科学省編『過去の学習指導要領』，http://www.nicer.go.jp/guideline/old/
19) 首相官邸編『ミレニアムプロジェクト（新しい千世紀プロジェクト）について』
   http://www.kantei.go.jp/jp/mille/
20) 文部科学省編『学校における情報の教育化の実態等に関する調査結果（平成 19 年度）』，
   http://www.mext.go.jp/a_menu/shotou/zyouhou/08092209.htm
21) CEC 編『財団法人コンピュータ教育開発センターホームページ』
   http://www.cec.or.jp/CEC/index.html
22) 平成 15 年度 E スクエア・アドバンス IT 活用教育推進プロジェクト編『不登校傾向児童

生徒へのITによる効果的支援』2003, http://www.cec.or.jp/e2a/15cdrom/07/FRAME.HTM
23）平成16年度Eスクエア・アドバンスIT活用教育推進プロジェクト編『不登校・家庭学習支援ホップ・ステップ・ジャンプ』2004, http://www.cec.or.jp/e2a/seika16/contents/06/frame.htm
24）清水康敬『e-Learningを支える政策と今後の展望, 情報処理』Vol.43, NO.4, pp.421-426, 2002
25）文部科学省研究振興局情報課編『平成18年度学術情報基盤実態調査結果報告』2008, http://www.mext.go.jp/b_menu/toukei/001/index20/08032421/001.htm
26）私立大学情報環境白書基本調査委員会編『私立大学情報環境白書（平成17年度版）』2006, http://www.juce.jp/LINK/report/youran2005/hakusho_index.html
27）メディア教育開発センター編『eラーニング等のICTを活用した教育に関する調査報告書（2007年度）』2008, http://www.nime.ac.jp/reports/001/
28）喜多敏博, 中野祐司『オープンソースeラーニングプラットフォームMoodleの機能と活用例, 情報処理』VOl.49, No.9, pp.1044-1049, 2008
29）八州学園大学ホームページ, http://yashima.study.jp/univ/guide/
30）サイバー大学ホームページ, http://www.cyber-u.ac.jp/
31）日本イーラーニングコンソシアム編『eラーニング白書2008/2009年版』東京電機大学出版局, 2008
32）先進学習基盤協議会編著『eラーニングが創る近未来教育—最新eラーニング実践事例集—』オーム社, 2003
33）東芝ソリューション（株）ホームページ, http://www.toshiba-sol.co.jp/sol/kyoiku/learningwizard/index_j.htm
34）NECラーニング（株）ホームページ, http://www.neclearning.jp/
35）文部科学省生涯学習審議会編『新しい情報通信技術を活用した生涯学習の推進方策について』文部科学省, 2000, http://www.mext.go.jp/b_menu/shingi/12/shougai/toushin/001213.htm
36）文部科学省生涯学習政策局調査企画課編『平成17年度社会教育調査』2005, http://www.mext.go.jp/b_menu/toukei/001/004/h17.htm
37）総務省編『情報通信白書平成20年版』2008, http://www.johotsusintokei.soumu.go.jp/whitepaper/whitepaper01.html
38）総務省編『情報通信白書平成15年版』2003, http://www.johotsusintokei.soumu.go.jp/whitepaper/ja/h15/pdf/index.html
39）大嶋淳俊『生涯学習時代のIT支援型セルフラーニング—eラーニングからモバイル＆ゲーム活用まで—』季刊, 政策・経営研究, 2008, vol.1, pp.182-221, 2008
40）e-市民塾みらいホームページ, http://www.e-shimin.com/
41）ECCウェブレッスンホームページ, http://www.eccweblesson.com/

42）矢野経済研究所『e ラーニング市場に関する調査結果 2008』2008，
http://www.yano.co.jp/press/pdf/350.pdf#search='e ラーニング 市場 調査'
43）日本 e ラーニングコンソシアム編『ICT 時代の人材教育に貢献する「e ラーニング・プロフェッショナル（elP）資格制度」』, http://www.elc.or.jp/eLP/elp_sikaku.html
44）教育情報化コーディネータ認定委員会編『教育情報化コーディネータ』2001，
http://www.japet.or.jp/itce2003/
45）日本 e ラーニングコンソシアム編『SCORM アセッサ資格認証ガイドライン（SCORM 適合コンテンツを認証するための資格制度)』eLC CP100-2004-02，2004

■著者略歴

河村　一樹　（かわむら　かずき）

昭和30年，東京生まれ．
立教大学理学部卒業，日本大学大学院理工学研究科博士前期課程電子工学専攻修了，博士（工学）．
県立宮城大学を経て，現在，東京国際大学商学部情報ビジネス学科教授．
情報教育工学の研究と教育に従事．
情報処理学会（コンピュータと教育研究会）・電子情報通信学会（教育工学研究会）・教育システム情報学会・日本教育工学会・日本情報科教育学会・初年次教育学会各会員，ソフトウェア技術者協会（教育分科会）・日本eラーニングコンソシアム（elc）・コンピュータ利用教育協議会（CIEC）各個人会員．

著書
情報科教育法（共著，学文社），教職課程テキスト情報科教育法（共著，彰国社），情報教育重要用語300の基礎知識（共著，明治図書出版），マルチメディア社会と情報教育（共著，柴峰図書出版），情報科学の応用知識（共著，ITEC），情報とコンピューティング（共著，オーム社），改訂新版ソフトウェア工学入門（近代科学社），コンピュータ科学の基礎（ナツメ出版），など多数．

e-Learning 入門

2009年4月20日　初版第1刷発行

■著　　者────河村一樹
■発　行　者────佐藤　守
■発　行　所────株式会社 大学教育出版
　　　　　　　〒700-0953　岡山市西市855-4
　　　　　　　電話（086）244-1268　FAX（086）246-0294
■印刷製本────サンコー印刷㈱
■装　　丁────原　美穂

© Kazuki Kawamura 2009, Printed in Japan
検印省略　落丁・乱丁本はお取り替えいたします．
無断で本書の一部または全部を複写・複製することは禁じられています．

ISBN978-4-88730-898-5